제대로
영작문

1
입문

장재영

유명 어학원과 영어학원에서 강의하면서 강사, 부원장, 원장을 역임.
(전) 리딩스타어학원 디렉터
(전) 청담어학원 원장
(전) 아발론교육 원장
(전) 고려대학교 국제어학원 영어교육프로그램 EiE 원장
(현) 슬기로운 영어학원 원장
특목고, 대학교 진로 진학 컨설팅

저서 『쓰담쓰담 내신영문법』 시리즈
　　　『시험에 강한 중학영문법』 시리즈

제대로 영작문 **1** 입문

지은이 장재영
펴낸이 정규도
펴낸곳 ㈜다락원

초판 1쇄 발행 2018년 1월 2일
개정판 2쇄 발행 2024년 6월 27일

편집 김민아, 홍인표
디자인 구수정, 황수영
영문 감수 Mark Holden
일러스트 윤미선

다락원 경기도 파주시 문발로 211
내용 문의 (02)736-2031 내선 504
구입 문의 (02)736-2031 내선 250~252
Fax (02)732-2037
출판 등록 1977년 9월 16일 제406-2008-000007호

Copyright ⓒ 2024 장재영

ISBN 978-89-277-8072-4 54740
　　　978-89-277-8071-7 54740 (set)

www.darakwon.co.kr
다락원 홈페이지를 방문하시면 상세한 출판정보와 함께 동영상강좌,
MP3 자료 등 다양한 어학 정보를 얻으실 수 있습니다.

제대로 영작문

1

입문

DARAKWON

서술형·수행평가 만점을 만드는
제대로 영작문 · 1

체계적인 단계별 영작 트레이닝

문법 설명 → Simple Test → Practice Test → Actual Test → Review Test → Final Test

How to Study

UNIT 01 명사, 지시대명사

A 명사란 무엇인가?

1 **사람** : boy (소년), teacher (선생님), doctor (의사), Tom 등
2 **사물(물건)** : desk (책상), door (문), box (상자), piano (피아노) 등
3 **동물** : dog (개), cat (고양이), mouse (쥐), horse (말), fish (물고기) 등

✏️ 명사란 사람, 사물, 동물 등을 나타내는 말이다.

B 단수와 복수

1 **단수** : 하나만 있는 경우이며 명사 앞에 a(n)을 주로 붙인다.
 · 자음 앞에는 a를 쓰고, 모음(a, e, i, o, u) 앞에는 an을 붙인다.
 ex a girl, a cow, a man / an elephant, an egg, an apple, an hour

2 **복수** : 둘 이상 있는 경우이며 명사 뒤에 -(e)s를 붙인다.
 · 대부분 -s를 붙이고 ch, sh, o, s, x, z로 끝날 때는 -es를 붙인다.
 ex cups, cars, chairs / benches, potatoes, foxes

a cow

two elephants

C 지시대명사

단수		복수	
이것	this	이들, 이것들	these
저것	that	저들, 저것들	those
그것	it	그들, 그것들	they

This is a ball. 이것은 공이다.   These are books. 이것들은 책들이다.

✏️ This is는 사람을 소개할 때 쓰이기도 한다.
ex This is Jane. 이 사람은 Jane이다.

Simple Test

다음 빈칸에 들어갈 알맞은 단어를 적으세요.

1 이것은 지우개이다. → _____ is _____ eraser.

2 저것들은 나무들이다. → _____ are _____.

3 나는 많은 오래된 책들을 수집한다. → I collect many old _____.

4 이 사람은 David이다. → _____ _____ David.

5 그것들은 고양이들이다. → _____ are _____.

1 문법 설명

영작에 꼭 필요한 핵심 문법을 재미있는 삽화와 암기 팁 등과 함께 공부할 수 있습니다.

2 Simple Test

간단한 빈칸 채우기 문제로 문법에 대한 이해도를 확인합니다.

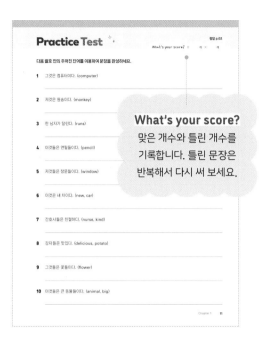

3 Practice Test

주어진 단어를 활용하여 비교적 짧고 쉬운 문장을
써 보는 연습 문제입니다.

4 Actual Test

이제는 비교적 어려운 문장도 영작해보면서
문장을 자기 것으로 만듭니다.

5 Review Test

Chapter가 끝날 때마다 '빈칸 채우기'와
'문장 완성하기' 문제로 학습한 내용을 복습합니다.

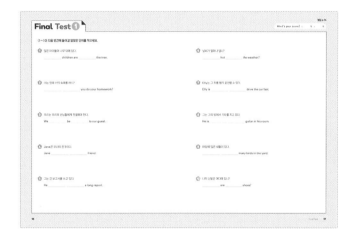

6 Final Test

모든 Chapter의 학습을 마친 후 앞서 배운 내용을 최종 점검합니다.
내신 서술형 평가와 수행평가에 제대로 대비하세요!

목차

Chapter

1

명사와
관사

명사, 지시대명사

Ⓐ 명사란 무엇인가?

1 **사람** : boy (소년), teacher (선생님), doctor (의사), Tom 등

2 **사물(물건)** : desk (책상), door (문), box (상자), piano (피아노) 등

3 **동물** : dog (개), cat (고양이), mouse (쥐), horse (말), fish (물고기) 등

📌 명사란 사람, 사물, 동물 등을 나타내는 말이다.

Ⓑ 단수와 복수

1 **단수** : 하나만 있는 경우이며 명사 앞에 a(n)을 주로 붙인다.

· 자음 앞에는 a를 쓰고, 모음(a, e, i, o, u) 앞에는 an을 붙인다.

ex **a** girl, **a** cow, **a** man / **an** elephant, **an** egg, **an** apple, **an** hour

2 **복수** : 둘 이상 있는 경우이며 명사 뒤에 -(e)s를 붙인다.

· 대부분 -s를 붙이고 ch, sh, o, s, x, z로 끝날 때는 -es를 붙인다.

ex cup**s**, car**s**, chair**s** / bench**es**, potato**es**, fox**es**

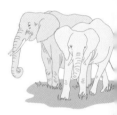

a cow

two elephants

Ⓒ 지시대명사

단수		복수	
이것	this	이들, 이것들	these
저것	that	저들, 저것들	those
그것	it	그들, 그것들	they

This is a ball. 이것은 공이다.   **These** are books. 이것들은 책들이다.

📌 This is는 사람을 소개할 때 쓰이기도 한다.

ex This is Jane. 이 사람은 Jane이다.

Simple Test

다음 빈칸에 들어갈 알맞은 단어를 적으세요.

1 이것은 지우개이다. → ＿＿＿＿＿ is ＿＿＿＿＿ eraser.

2 저것들은 나무들이다. → ＿＿＿＿＿ are ＿＿＿＿＿.

3 나는 많은 오래된 책들을 수집한다. → I collect many old ＿＿＿＿＿.

4 이 사람은 David이다. → ＿＿＿＿＿ ＿＿＿＿＿ David.

5 그것들은 고양이들이다. → ＿＿＿＿＿ are ＿＿＿＿＿.

Practice Test

What's your score? O   개 X   개

다음 괄호 안의 주어진 단어를 이용하여 문장을 완성하세요.

그것은 컴퓨터이다. (computer)

_____

저것은 원숭이다. (monkey)

_____

한 남자가 달린다. (runs)

_____

이것들은 연필들이다. (pencil)

_____

저것들은 창문들이다. (window)

_____

이것은 새 차이다. (new, car)

_____

간호사들은 친절하다. (nurse, kind)

_____

감자들은 맛있다. (delicious, potato)

_____

그것들은 꽃들이다. (flower)

_____

10 이것들은 큰 동물들이다. (animal, big)

_____

Actual Test

정답 p.(

What's your score?   O   개   X   개

다음 괄호 안의 주어진 단어를 이용하여 문장을 완성하세요.

1 이것들은 호랑이들이고, 저것들은 사자들이다. (tiger, lion)

_____

2 군인들은 용감하다. (soldier, brave)

_____

3 저것은 아름다운 나비이다. (butterfly, beautiful)

_____

4 이것은 뚱뚱한 돼지이다. (pig, fat)

_____

5 저것들은 부지런한 개미들이다. (diligent, ant)

_____

6 이것은 연필이고, 저것은 지우개이다. (pencil, eraser)

_____

7 이것들은 병들이고, 저것들은 깡통들이다. (bottle, can)

_____

8 저것들은 귀여운 오리들이다. (cute, duck)

_____

9 산들은 높고, 강들은 깊다. (mountain, high, deep, river)

_____

10 이것들은 재미있는 노래들이다. (song, funny)

_____

New Words

bench 벤치
eraser 지우개
collect 수집하다
nurse 간호사
delicious 맛있는
animal 동물
soldier 군인
brave 용감한
butterfly 나비
diligent 부지런한
ant 개미
bottle 병
mountain 산
river 강
deep 깊은
funny 재미있는, 웃기는

인칭대명사

인칭의 개념

1 **1인칭** : 나 또는 우리를 의미한다. ex I, we

2 **2인칭** : 너 또는 너희들을 의미한다. ex you

3 **3인칭** : 1인칭, 2인칭을 제외한 나머지 모든 것을 의미한다.

  ex he, she, it, they 등

격의 개념

1 **주격** : '~은, 는, 이, 가'로 해석한다. ex I, they 등

2 **소유격** : '~의'로 해석한다. ex my, your, her 등

3 **목적격** : '~을, 를, ~에게'로 해석한다. ex me, him, them 등

His horses hate carrots.

인칭대명사 표

		주격(~은)	소유격(~의)	목적격(~를)	소유대명사(~의 것)	재귀대명사(~자신)
단수	1인칭	I	my	me	mine	myself
	2인칭	You	your	you	yours	yourself
	3인칭	He	his	him	his	himself
		She	her	her	hers	herself
		It	its	it	X	itself
복수	1인칭	We	our	us	ours	ourselves
	2인칭	You	your	you	yours	yourselves
	3인칭	They	their	them	theirs	themselves

📌 소유대명사 : Is this pen **yours**? 이 펜은 너의 것이니? / 재귀대명사 : He dressed **himself**. 그는 스스로 옷을 입었다.

Simple Test

다음 빈칸에 들어갈 알맞은 단어를 적으세요.

1 너는 나의 친구이다. → _____ are _____ friend.

2 그들은 너를 좋아한다. → _____ like _____ .

3 그것은 그녀의 것이다. → _____ is _____ .

4 우리는 너희들의 부모님을 안다. → _____ know _____ parents.

5 그녀는 그를 매우 사랑한다. → _____ loves _____ very much.

Practice Test

정답 p.0

What's your score? O   개 X   개

다음 괄호 안의 주어진 단어를 이용하여 문장을 완성하세요.

1 그들의 삼촌은 나의 선생님이다. (uncle, is)

_____

2 그들은 그녀의 노래를 좋아한다. (like, song)

_____

3 너희들은 우리를 모른다. (know, don't)

_____

4 Sam은 그녀의 남동생이다. (younger brother)

_____

5 그는 우리의 왕이다. (king)

_____

6 그들은 그들 자신들을 위해 산다. (live for)

_____

7 그것은 그의 집이다. (house)

_____

8 나의 차는 매우 오래되었다. (very old)

_____

9 그녀의 사촌이 나의 친구이다. (cousin, friend)

_____

10 그것은 그의 새 자전거이다. (bicycle, new)

_____

Actual Test

정답 p.02

What's your score? O   개 X   개

음 괄호 안의 주어진 단어를 이용하여 문장을 완성하세요.

너 자신을 거울로 봐라. (look at, in the mirror)

_____

그것은 우리들의 것이 아니다. (not)

_____

그는 그 자신을 위해 노래를 부른다. (sings, for)

_____

그들은 그의 음악을 매일 듣는다. (listen to, music, every day)

_____

나는 나 자신을 믿는다. (trust)

_____

그는 그것들을 기억한다. (remembers)

_____

그녀는 늘 그녀의 우산을 잃어버린다. (always loses, umbrella)

_____

그들은 우리를 따라오고 있다. (are following)

_____

우리는 그들의 비밀을 안다. (know, secrets)

_____

그것은 그녀의 강아지다. (puppy)

_____

New Words

parents 부모님
uncle 삼촌
live 살다
cousin 사촌
mirror 거울
listen to ~를 듣다
every day 매일
trust 믿다, 신뢰하다
remember 기억하다
always 항상
lose 잃다, 지다
umbrella 우산
follow 따라오다[가다]
secret 비밀
puppy 강아지

관사

Ⓐ 부정관사 a, an

1 **쓰임** : 정해지지 않은 대상이나 셀 수 있는 명사 중 하나를 나타낼 때 쓴다.

2 **종류**

· a : 발음이 자음이거나, 자음으로 시작되는 명사 앞에 사용한다.

   ex **a** boy, **a** cat, **a** university 등

   I have **a** big cat. 나는 큰 고양이를 가지고 있다.

· an : 발음이 모음이거나, 모음으로 시작되는 명사 앞에 사용한다.

   ex **an** egg, **an** ant, **an** hour 등

   He has **an** iguana. 그는 이구아나를 가지고 있다.

Ⓑ 정관사 the

1 **쓰임** : 특정한 명사 앞에 사용한다.

2 **정관사 the를 사용하는 경우**

· 한 번 언급한 명사를 다시 말할 때 사용한다.

   I have a dog. **The dog** is very cute.

   나는 개 한 마리를 가지고 있다. 그 개는 매우 귀엽다.

· 악기 이름 앞에 사용한다.

   They play **the violin** very well. 그들은 바이올린을 매우 잘 연주한다.

· 세상에서 유일한 것 앞에 사용한다.

   The sun is very hot today. 오늘 태양이 매우 뜨겁다.

· 꾸며주는 말로 한정 지을 때 사용한다.

   The water in this cup is very cold. 이 컵 안의 물은 매우 차갑다.

She plays the flute.

다음 빈칸에 들어갈 알맞은 단어를 적으세요.

1 나는 여동생이 한 명 있다. → I have _____ younger sister.

2 Steve는 피아노를 잘 친다. → Steve plays _____ piano well.

3 나는 좋은 생각을 가지고 있다. → I have _____ good idea.

4 오늘 달이 매우 크다. → _____ moon is very big today.

5 나는 비싼 가방이 필요하다. → I need _____ expensive bag.

Practice Test

What's your score? O   개 X   개

음 괄호 안의 주어진 단어를 이용하여 문장을 완성하세요.

그녀는 그 은행에 간다. (goes to, bank)

_____

그 소년은 키가 매우 크다. (boy, tall, very)

_____

나는 작은 집을 가지고 있다. (have, small)

_____

한 시간은 매우 짧다. (hour, short)

_____

이 교실 안의 학생들은 똑똑하다. (students, in this classroom, smart)

_____

많은 사람들이 그 공원에 있다. (people, are, in, park, many)

_____

그는 그 공을 찼다. (kicked, ball)

_____

너는 한 개의 거울을 가지고 있다. (have, mirror)

_____

그는 그 사무실 안에 있다. (is, in, office)

_____

0   개미는 6개의 다리를 가지고 있다. (ant, six, legs, has)

_____

Actual Test

What's your score?   O   개   X   개

다음 괄호 안의 주어진 단어를 이용하여 문장을 완성하세요.

1 그는 그 문을 열었다. (opened, door)

_____

2 그 박물관은 매우 오래되었다. (museum)

_____

3 문어는 8개의 다리를 가지고 있다. (eight, octopus, legs)

_____

4 그 남자는 너를 매우 사랑한다. (very much)

_____

5 책상 위의 그 책들은 나의 것이다. (on, desk, mine, are)

_____

6 한 시간은 60분이다. (has, minutes, sixty)

_____

7 고양이 한 마리가 거실에 있다. (is, in the living room)

_____

8 그 아이는 바이올린을 연주한다. (child, violin)

_____

9 오늘 하늘이 매우 파랗다. (sky, blue)

_____

10 우리는 매주 토요일에 그 레스토랑으로 간다. (to, every Saturday, restaurant)

_____

New Words

university 대학교
flute 플루트
well 잘
moon 달
need 필요하다
expensive 비싼
bank 은행
short 짧은
kick 발로 차다
office 사무실
leg 다리
museum 박물관
octopus 문어
minute 분
child 아이
restaurant 식당

Review Test ☺ ❀

~10) 다음 빈칸에 들어갈 알맞은 단어를 적으세요.

이것은 나의 자전거이다.

         is   bicycle.

저것들은 그들의 책들이다.

         are   .

나는 그녀의 고양이들을 좋아한다.

I like   .

바다는 매우 넓다.

         sea   very wide.

이것은 그들의 집이다.

         is   house.

나는 나 자신을 알지 못한다.

         don't know   .

이것들은 그녀의 장갑이고, 그것들은 그녀의 것이다.

         are her gloves, and they are   .

내 방 안에 있는 창문은 작다.

         window in   room is small.

저것들은 나의 것이고, 이것은 너의 것이다.

         are   , and   is   .

0 이 사람은 소방관이고, 그의 아버지도 소방관이다.

         is   firefighter, and   father is   firefighter, too.

(11~20) 다음 괄호 안의 주어진 단어를 이용하여 문장을 완성하세요.

11 저것들은 우리의 가방들이다. (bag)

12 뉴욕(New York)은 아름다운 도시이다. (beautiful, city)

13 원숭이들은 바나나들을 좋아한다. (banana)

14 그들은 잘생긴 배우들이다. (handsome, actor)

15 나의 아버지는 많은 골프공을 가지고 있다. (has, golf balls, many)

16 그의 아들은 당근을 싫어한다. (son, hate, carrots)

17 그것은 흥미로운 게임이다. (it, interesting)

18 이것들은 우리의 책들이고, 저것들은 그의 책들이다. (book)

19 그녀의 숙모는 비싼 음식을 좋아한다. (likes, aunt, expensive, food)

20 그들은 축구 선수들이고, 이것들은 그들의 신발이다. (soccer players, shoes)

Chapter

2

동사

UNIT 04 be동사

A be동사란 무엇인가?

1 현재형(am, are, is), 과거형(was, were)인 동사를 말한다. 📌 동사원형이 be이므로 be동사라고 한다.

2 주어의 인칭에 따라 be동사는 각각 달라진다. **ex** I **am** / You **are** / She **is** 등

3 be동사의 의미

~이다	I **am** a student. 나는 학생이다.
~에 있다	She **is** in the living room. 그녀는 거실에 있다.
~하다(어떠하다)	My older brother **is** tall. 나의 형은 키가 크다.

B be동사의 부정문

1 단수 : 「be동사 + not」을 쓴다.

I **am not** sad. 나는 슬프지 않다.

You **are not** a doctor. 당신은 의사가 아니다.

Cathy **is not** strong. Cathy는 강하지 않다.

2 축약형 : 📌 amn't는 쓰지 않는다.

I am not = I**'m not** / are not = **aren't** / is not = **isn't**

They aren't my friends.

C be동사의 과거형

1 의미 : ~이었다, ~에 있었다, ~했(었)다

2 종류 : am, is → **was** / are → **were**

She **was** very happy yesterday. 그녀는 어제 매우 행복했다.

They **were not** hungry. 그들은 배가 고프지 않았다.

3 축약형 : was not = **wasn't** / were not = **weren't**

Simple Test

다음 빈칸에 들어갈 알맞은 단어를 적으세요.

1 너는 친절하다. → You _____ kind.

2 Tina는 매우 똑똑하다. → Tina _____ very smart.

3 나는 뚱뚱하지 않다. → I _____ _____ fat.

4 그는 어제 부산에 있었다. → He _____ in Busan yesterday.

5 그들은 가수가 아니었다. → They _____ singers.

Practice Test

What's your score? O   개 X   개

다음 괄호 안의 주어진 단어를 이용하여 문장을 완성하세요.

나는 건강하다. (healthy)

_____

나의 삼촌은 부지런하다. (my, uncle, diligent)

_____

James는 빠르지 않다. (fast, not)

_____

그녀는 간호사이다. (nurse)

_____

그것은 로봇이 아니다. (it, robot)

_____

그는 바쁘지 않다. (busy)

_____

너는 귀엽다. (cute)

_____

그녀는 부엌에 있지 않다. (in the kitchen)

_____

그 책은 재미있었다. (the book, interesting)

_____

0 이 책은 두껍지 않다. (thick, this book)

_____

Actual Test ☆☆

What's your score? O   개 X   개

다음 괄호 안의 주어진 단어를 이용하여 문장을 완성하세요.

1   우리는 매우 놀랐었다. (very, surprised)

_____

2   나는 2시에 집에 있었다. (at 2 o'clock, at home)

_____

3   그것은 나의 자전거가 아니다. (it, my, bicycle)

_____

4   이 피자는 매우 맛있다. (this pizza, delicious)

_____

5   돌고래들은 매우 영리하다. (dolphins, smart)

_____

6   우리는 그의 형들이 아니다. (we, his, brothers)

_____

7   이것은 나의 연필이다. (this, my, pencil)

_____

8   아기들은 귀엽다. (babies, cute)

_____

9   Tom은 그의 방 안에 있었다. (in, his, room)

_____

10 그 별들은 매우 아름다웠다. (stars, beautiful)

_____

New Words

smart 똑똑한
yesterday 어제
healthy 건강한
kitchen 부엌, 주방
interesting
재미있는, 흥미로운
thick 두꺼운
surprised 놀란
dolphin 돌고래
star 별
fast 빠른; 빨리
busy 바쁜
cute 귀여운
o'clock …시

UNIT 05 현재진행형

A **현재진행형이란 무엇인가?**

현재진행형은 현재 진행 중인 동작이나 상태를 표현한다.

B **현재진행형의 형태 및 의미**

1 형태 : am, are, is + 동사 + -ing

2 의미 : ~하고 있다, ~하고 있는 중이다

I **am reading** a book. 나는 책을 읽고 있다.   He **is studying** math. 그는 수학을 공부하고 있다.

C **현재진행형의 부정문**

1 형태 : am, are, is + not + 동사 + -ing

2 의미 : ~하고 있지 않다, ~하는 중이 아니다

She **is not (= isn't) doing** her homework. 그녀는 숙제를 하고 있지 않다.

They **are not (= aren't) cleaning** the room. 그들은 그 방을 청소하고 있지 않다.

D **현재진행형의 의문문**

1 형태 : Am, Are, Is + 주어 + 동사 + -ing ~?

2 의미 : ~하고 있니? ~하는 중이니?

Is he **driving** his car now? 그는 지금 그의 차를 운전하고 있니?

3 대답 : Yes, 주어 + am, are, is. / No, 주어 + am not [aren't, isn't].

Is Jane **sleeping** now? Jane은 지금 잠을 자고 있니?

→ Yes, she is. 응, 자고 있어 / No, she isn't. 아니, 안 자고 있어.

He is diving.

E **동사 + -ing 만드는 방법**

일반적 동사	동사원형 + -ing	ⓔⓧ play**ing**, go**ing**, eat**ing**
-e로 끝나는 동사	e를 빼고 + -ing	ⓔⓧ dive → div**ing**, save → sav**ing**
「단모음 + 단자음」으로 끝나는 동사	자음 하나 더 쓰고 + -ing	ⓔⓧ stop → sto**pping**, hop → ho**pping**

Simple Test **다음 빈칸에 들어갈 알맞은 단어를 적으세요.**

1 그들은 음악을 듣고 있다. → They _____ _____ to music.

2 너는 지금 일하고 있니? → _____ you _____ now?

3 그는 게임을 하고 있지 않다. → He _____ _____ a game.

Practice Test

What's your score? O 개 X 개

다음 괄호 안의 주어진 단어를 이용하여 문장을 완성하세요.

1 지유(Jiyu)는 웹툰을 그리고 있다. (draw, a webtoon)

_____

2 James는 이메일을 보내고 있다. (send, an email)

_____

3 그 소년은 연을 날리고 있지 않다. (the boy, fly, a kite)

_____

4 그 소녀는 노래를 하고 있니? (the girl, a song, sing)

_____

5 그 개구리는 뛰고 있다. (the frog, hop)

_____

6 그녀는 꽃을 팔고 있다. (sell, flowers)

_____

7 그는 그의 손목시계를 고치고 있다. (fix, his watch)

_____

8 그 여자들은 커피를 마시고 있다. (the women, drink, coffee)

_____

9 너의 친구들은 영화를 보고 있니? (your friends, watch, a movie)

_____

10 그 아기는 침대 위에서 울고 있다. (the baby, cry, on the bed)

_____

Actual Test

What's your score? O   개 X   개

다음 괄호 안의 주어진 단어를 이용하여 문장을 완성하세요.

A: 너는 손을 씻고 있니? (wash, your hands)   B: 응. 씻고 있어.

_____

A: 그들은 달리고 있니? (run)   B: 아니, 안 그래.

_____

A: 그는 등산하고 있니? (climb, a mountain)   B: 응, 등산하고 있어.

_____

A: 그들은 기도하고 있니? (pray)   B: 응, 기도하고 있어.

_____

A: 그는 편지를 쓰고 있니? (write, a letter)   B: 아니, 안 그래.

_____

A: 그녀는 그녀의 자전거를 타고 있니? (ride, bicycle)   B: 아니, 안 타고 있어.

_____

Sam과 나는 사과를 먹고 있지 않다. (eat, apples)

_____

그 회사는 공장을 짓고 있다. (the company, build, factory)

_____

그들은 새로운 탁자를 만들고 있다. (new, a, make, table)

_____

그들은 지금 그 경기를 보고 있지 않다. (watch, the game)

_____

New Words

clean 청소하다
dive 다이빙하다
save 구하다, 저장하다
hop 폴짝 뛰다
draw 그리다
webtoon 웹툰
send 보내다
kite 연
frog 개구리
sell 팔다
fix 고치다
watch 손목시계;
시청하다
climb 오르다
pray 기도하다
company 회사
letter 편지
ride (탈것 등에) 타다

일반동사

A 일반동사란 무엇인가?

1 be동사(am, are, is 등)와 조동사(can, will, must 등)를 제외한 대부분의 동사를 말한다.

ex like (좋아하다), run (달리다), think (생각하다), jump (뛰다), go (가다) 등

2 일반동사의 변화 : 주어가 3인칭 단수이고, 현재형일 때 동사 뒤에 **-s**나 **-es**를 붙인다.

He **likes** pizza. 그는 피자를 좋아한다.　　　Jenny **goes** to school. Jenny는 학교에 간다.

📌 3인칭 단수란 I, we, you 를 제외한 대상 중에 하나를 말한다. **ex** she, he, it, a dog 등

B 일반동사의 과거형

1 「동사원형 + -ed」를 주로 쓴다.

He **played** a computer game. 그는 컴퓨터 게임을 했다.

2 「자음 + y」로 끝나는 경우 : y를 i로 고치고 -ed를 붙인다.

She **cried**. (O) 그녀는 울었다.　　She cryed. (X)

3 「단모음 + 단자음」으로 끝나는 동사 : 자음을 한 번 더 쓰고 -ed를 붙인다.

The rain **stopped**. 비가 그쳤다.

He doesn't sing we

C 일반동사의 부정문

현재형	1인칭 / 2인칭 / 3인칭 복수 주어 + don't + 동사원형	I **don't** like math. 나는 수학을 좋아하지 않는다.
	3인칭 단수 주어 + doesn't + 동사원형	He **doesn't** eat meat. 그는 고기를 먹지 않는다.
과거형	didn't + 동사원형	She **didn't** drink milk. 그녀는 우유를 마시지 않았다. They **didn't** go to the park. 그들은 그 공원으로 가지 않았다.

📌 축약형 : don't = do not / doesn't = does not / didn't = did not

---

Simple Test

다음 빈칸에 들어갈 알맞은 단어를 적으세요.

1 나는 차를 가지고 있다. → I _____ a car.

2 그는 축구를 좋아한다. → He _____ soccer.

3 Terry는 기타를 연주한다. → Terry _____ the guitar.

4 그녀는 요리를 좋아하지 않는다. → She _____ like cooking.

5 그들은 TV를 시청하지 않았다. → They _____ watch TV.

Practice Test

What's your score? O 　개 X 　개

음 괄호 안의 주어진 단어를 이용하여 문장을 완성하세요.

그는 매일 커피를 마신다. (drink, every day)

_____

그들은 그 지도를 보지 않았다. (see, the map)

_____

고양이들은 생선을 좋아한다. (cats, fish)

_____

Luke는 그의 아들을 사랑한다. (son)

_____

닭들은 날지 않는다. (chickens, fly)

_____

그녀는 그 가방을 사지 않았다. (the bag, buy)

_____

그는 홈런을 잘 친다. (hit, a home run, well)

_____

나는 이 책을 읽지 않았다. (read, this book)

_____

그녀는 당근을 먹지 않는다. (carrots, eat)

_____

그녀는 그 열쇠를 갖고 있지 않았다. (have, the key)

_____

Actual Test ★☆

다음 괄호 안의 주어진 단어를 이용하여 문장을 완성하세요.

1   Daniel은 매일 아침에 커피를 마신다. (drink, every morning, coffee)

_____

2   그는 그의 집을 팔지 않았다. (sell, his, house)

_____

3   그녀는 파란색 종이를 사용한다. (use, blue, paper)

_____

4   Julia는 사진들을 찍지 않았다. (take pictures)

_____

5   토끼들은 고기를 먹지 않는다. (rabbits, eat, meat)

_____

6   그녀는 오늘 아침에 피아노를 연주했다. (play, the, this morning, piano)

_____

7   그녀는 이메일을 보내지 않았다. (send, an email)

_____

8   그는 그녀의 삼촌을 모른다. (know, her, uncle)

_____

9   많은 사람들이 영화 보는 것을 좋아한다. (many people, watching movies)

_____

10   그녀는 오전 8시에 일어난다. (get up, at 8 a.m.)

_____

New Words

meat 고기
guitar 기타
cook 요리하다
watch 보다, 시청하다
map 지도
son 아들
buy 사다
read 읽다
key 열쇠
sell 팔다
use 사용하다
take a picture
사진을 찍다
this morning 오늘 아침
get up 일어나다,
기상하다

Review Test

~10) 다음 빈칸에 들어갈 알맞은 단어를 적으세요.

John은 햄버거를 먹지 않는다.

John _____ _____ hamburgers.

한 소녀가 무대 위에서 춤을 추고 있다.

A girl _____ _____ on the stage.

그는 애완동물을 좋아하지 않는다.

He _____ _____ pets.

그들은 만화책을 읽고 있니?

_____ they _____ comic books?

그는 어제 그의 차를 세차했다. (wash)

He _____ his car yesterday.

그녀는 매일 아침에 빵을 조금 먹는다.

She _____ some bread every morning.

그는 일기를 쓰지 않는다.

He _____ keep a diary.

Sam은 이 은행에서 일한다.

Sam _____ at this bank.

나의 삼촌들이 지금 낚시를 하고 있다.

My uncles _____ _____ now.

그 아기는 또 울었다.

The baby _____ again.

(11~20) 다음 괄호 안의 주어진 단어를 이용하여 문장을 완성하세요.

11   Sophia는 Steve를 좋아하지 않는다.

12   나는 나의 노트북 컴퓨터를 가져오지 않았다. (bring, laptop)

13   그는 매일 소파에서 낮잠을 잔다. (naps, on the sofa, every day)

14   그는 지금 사전에서 단어를 찾고 있나요? (look up, in the dictionary, a word)

15   그는 그의 방을 청소하지 않았다. (clean up)

16   밖에 비가 내리고 있다. (it, rain, outside)

17   Sally는 설거지를 했다. (wash the dishes)

18   A: 그들은 맛있는 케이크를 먹고 있니? (eat, cake, delicious)   B: 응, 먹고 있어.

19   그는 종이비행기를 만들지 않았다. (a paper airplane, make)

20   James는 컴퓨터 게임을 하지 않는다. (play, computer games)

Chapter

3

문장 성분

UNIT 07 주어와 동사

A 주어란 무엇인가?

1 문장에서 행동의 주체가 되는 주인공을 말한다.

2 **주어의 구성** : 명사, 대명사 등이 주어가 될 수 있다.

The boy likes milk. 그 소년은 우유를 좋아한다.

They studied hard. 그들은 열심히 공부했다.

3 **해석** : 주어는 문장에서 '~은, 는, 이, 가'로 해석한다.

4 **주어의 위치** : 기본적으로 문장의 맨 처음에 위치한다.

She loves her family. 그녀는 그녀의 가족을 사랑한다.

B 동사란 무엇인가?

1 우리말의 서술어에 해당하며 주어의 행위나 상태를 말한다.

2 **해석** : 동사는 문장에서 '~다, ~한다'로 해석한다.

3 **동사의 위치** : 기본적으로는 주어 뒤에 위치한다.

4 **동사의 종류**

· **동작동사** : 움직임이 있는 동사

ex go (가다), run (달리다), carry (나르다) 등

Olivia **arrived** at the station. Olivia는 역에 도착했다.

· **상태동사** : 상태나 상황 등을 나타내는 동사

ex like (좋아하다), think (생각하다), hope (희망하다), plan (계획하다), be동사 (~이다, 있다) 등

Steve **loves** his friends. Steve는 그의 친구들을 사랑한다.

주어=주인공, 동사=주인공의 행동

Simple Test

다음 빈칸에 들어갈 알맞은 단어를 적으세요.

1 그녀는 우리를 안다. → _____ _____ us.

2 우리는 그것을 끝냈다. → _____ _____ it.

3 나의 가방은 갈색이다. → My _____ _____ brown.

4 그 소녀는 피아노를 잘 연주한다.

→ The _____ _____ the piano well.

5 그 책들은 매우 비싸다.

→ The _____ _____ very expensive.

Practice Test

What's your score?   O   개   X   개

다음 괄호 안의 주어진 단어를 이용하여 문장을 완성하세요.

Sally는 영화 보는 것을 좋아한다. (watching movies)

_____

그 그림은 매우 독특하다. (painting, unique)

_____

그는 매일 아침에 조깅을 한다. (jog, every morning)

_____

그녀는 좋은 요리사이다. (a, good, cook)

_____

그들은 행복을 원했다. (happiness)

_____

그 의자는 매우 튼튼했다. (strong)

_____

Tom은 Jerry를 싫어했다. (hate)

_____

그 케이크는 맛있다. (delicious)

_____

그들은 용감한 학생들이다. (brave, students)

_____

0   Thomas는 나의 친구가 되었다. (became, my)

_____

Actual Test ✦☆

What's your score? O ___ 개 X ___ 개

다음 괄호 안의 주어진 단어를 이용하여 문장을 완성하세요.

1 나는 야구를 좋아하지 않는다. (baseball)

_____

2 그 고양이들은 생선을 먹지 않았다. (eat, the fish)

_____

3 그녀는 그 세탁기를 멈췄다. (stop, washing machine)

_____

4 Lily는 운전을 잘 한다. (drive, well)

_____

5 그 화가는 그의 그림들을 팔지 않는다. (painter, sell, paintings)

_____

6 나는 내 컴퓨터에 많은 게임들을 가지고 있다. (many, on my computer)

_____

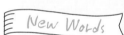

New Words

7 나는 정원에서 많은 꽃들을 기른다. (flowers, grow, in the garden)

_____

8 그 기차는 매우 빨랐다. (train, fast)

_____

9 그 비행기는 안전하게 착륙했다. (plane, land, safely)

_____

10 그 사냥꾼은 지도를 가지고 있지 않았다. (hunter, a map)

_____

arrive 도착하다
finish 끝내다
unique 독특한
jog 조깅하다
cook 요리사; 요리하다
happiness 행복
strong 강한, 튼튼한
hate 싫어하다
painter 화가
painting 그림
garden 정원
land 착륙하다
safely 안전하게
hunter 사냥꾼
washing machine 세탁기

목적어와 보어

A 목적어란 무엇인가?

1 동사가 나타내는 행위의 대상을 말한다.

2 목적어의 구성 : 명사, 대명사 등이 목적어가 될 수 있다.

3 목적어는 문장에서 '~을, 를', '~에게'로 해석한다.

4 목적어의 위치 : 기본적으로 동사 뒤에 위치한다.

He likes **candies**. 그는 사탕을 좋아한다.

She saved **the file**. 그녀는 그 파일을 저장했다.

목적어=~을, ~를

📌 목적어가 필요한 동사를 타동사, 목적어가 필요 없는 동사를 자동사라고 한다.

B 보어란 무엇인가?

1 완전하지 못한 문장에서 주어나 목적어를 보충해 주는 말이다.

2 보어의 구성 : 명사, 형용사 등이 보어가 될 수 있다.

3 보어를 필요로 하는 동사에는 be동사, become, get, turn 등이 있다.

He became **an artist**. 그는 예술가가 되었다.

보어=~이다, ~하다

4 보어의 위치 : 주로 동사의 뒤에 위치한다.

I am **a boy**. 나는 소년이다.　　　She is **busy**. 그녀는 바쁘다.

📌 주격 보어는 주어를 보충 설명해 준다.
ex He became a doctor. 그는 의사가 되었다.

목적격 보어는 목적어가 있는 문장에서 목적어 뒤에 위치하며 목적어를 보충 설명해 준다.
ex She made me happy. 그녀는 나를 행복하게 만들었다.

Simple Test

다음 빈칸에 들어갈 알맞은 단어를 적으세요.

1 그는 그의 가방을 잃어버렸다. → He lost ＿＿＿＿＿＿ ＿＿＿＿＿＿.

2 그 소년은 그의 숙제를 끝냈다. → The boy finished his ＿＿＿＿＿.

3 그녀는 피곤해졌다. → She got ＿＿＿＿＿.

4 그 경기는 흥미진진했다. → The game ＿＿＿＿＿ ＿＿＿＿＿.

5 그 선생님은 새로운 수업을 개설했다.
→ The teacher opened a ＿＿＿＿＿ ＿＿＿＿＿.

Practice Test

정답 p.0

What's your score? O   개 X   개

다음 괄호 안의 주어진 단어를 이용하여 문장을 완성하세요.

1 너의 우산을 가지고 와라. (bring, umbrella)

_____

2 그 강아지는 매우 똑똑하다. (smart, puppy)

_____

3 Tim은 John의 여동생을 좋아한다. (younger sister, John's)

_____

4 그는 Terry의 차를 세차했다. (wash, Terry's)

_____

5 Leo는 공을 빠르게 던진다. (throw, fast, a ball)

_____

6 얼음은 물이 된다. (ice, become)

_____

7 너의 셔츠가 매우 더럽구나. (shirt, dirty)

_____

8 나는 많은 책을 필요로 한다. (need, many)

_____

9 Noah는 매일 축구공을 찬다. (a soccer ball, kick, every day)

_____

10 나의 부모님은 현명하시다. (parents, wise)

_____

Actual Test

정답 p.06

What's your score? O 개 X 개

다음 괄호 안의 주어진 단어를 이용하여 문장을 완성하세요.

우리는 매주 토요일에 피자를 먹는다. (every Saturday)

_____

그의 얼굴이 붉어졌다. (face, turn, red)

_____

나는 그를 잘 안다. (know, well)

_____

그는 어제 가난한 사람들을 도왔다. (poor people, help, yesterday)

_____

그 소식은 매우 충격적이었다. (the news, shocking)

_____

나의 바지가 더러워졌다. (pants, got)

_____

엄마는 맛있는 쿠키를 구웠다. (bake, cookies, delicious)

_____

아빠는 거실에서 TV를 보셨다. (watch, in the living room, TV)

_____

그녀는 훌륭한 과학자가 되었다. (become, scientist)

_____

0 나는 내 휴대전화에 많은 어플리케이션을 가지고 있다.
(many, applications, on my cell phone)

_____

> **New Words**
>
> file 파일
> class 수업
> exciting 흥미진진한
> throw 던지다
> shirt 셔츠
> wise 현명한
> Saturday 토요일
> face 얼굴
> turn ~이 되다
> poor 가난한
> shocking 충격적인
> application
> 어플리케이션,
> 응용프로그램
> cell phone 휴대전화
> bake (빵 등을) 굽다
> scientist 과학자
> pants 바지

Review Test 😊 🌸

(1~10) 다음 빈칸에 들어갈 알맞은 단어를 적으세요.

1 그들은 쇼핑을 즐긴다.

    ☐☐☐☐☐ enjoy ☐☐☐☐☐☐ .

2 그는 그의 꿈을 포기하지 않았다.

    ☐☐☐☐☐ ☐☐☐☐☐☐ give up his dream.

3 그녀는 그녀의 방을 청소했다.

    ☐☐☐☐☐ cleaned up ☐☐☐☐☐ room.

4 Daniel은 매우 키가 크다.

    Daniel ☐☐☐☐☐ very ☐☐☐☐☐☐ .

5 그 서점은 오래된 책들을 판다.

    The bookstore sells ☐☐☐☐☐ ☐☐☐☐☐☐ .

6 그는 매일 한 권의 책을 읽는다.

    He ☐☐☐☐☐ ☐☐☐☐☐☐ book every day.

7 이 도서관은 매우 조용하다.

    This library ☐☐☐☐☐ very ☐☐☐☐☐☐ .

8 Julia는 매일 자전거를 탄다.

    Julia rides ☐☐☐☐☐ ☐☐☐☐☐☐ every day.

9 쥐들은 고양이들을 싫어한다.

    Mice ☐☐☐☐☐ ☐☐☐☐☐☐ .

10 David는 좋은 선생님이 되었다.

    David ☐☐☐☐☐ a good ☐☐☐☐☐☐ .

1~20) 다음 괄호 안의 주어진 단어를 이용하여 문장을 완성하세요.

1 많은 소녀들은 소년 밴드를 좋아한다. (many, boy bands)

2 그는 어제 홈런을 쳤다. (home run, yesterday)

3 그녀는 생선을 좋아하지 않는다. (fish)

4 그녀는 매주 일요일에 편지를 쓴다. (write, every Sunday, letter)

나의 삼촌은 작은 피자 가게를 가지고 있다. (small, pizza store)

그는 무대 위에서 피아노를 연주했다. (play, on the stage)

그녀는 매우 수줍은 소녀이다. (shy)

그 소년들은 큰 개구리 한 마리를 만졌다. (touch, frog)

농부들은 비를 기다렸다. (wait for)

그들은 오후에 피곤해졌다. (got, in the afternoon)

Chapter

4

의문문과 대답

UNIT 09 be동사의 의문문

Ⓐ be동사의 현재형 의문문 만들기

1 Be동사(Am, Are, Is) + 주어 + 명사 ~?

Are you a student? 너는 학생이니?　　**Is he** a doctor? 그는 의사니?

Are they your parents? 그들이 너의 부모님이시니?

2 Be동사(Am, Are, Is) + 주어 + 형용사 ~?

Is he smart? 그는 똑똑하니?　　**Are you** tired? 너는 피곤하니?

Ⓑ be동사의 현재형 의문문에 대답하기

1 긍정일 때 : Yes, 주어(대명사) + be동사.

Is Ben your younger brother? Ben이 네 남동생이니?

→ Yes, **he** is. (O) 응, 남동생이야.　　Yes, Ben is. (X)

Is this house cheap? 이 집은 값이 싸니?

→ Yes, **it** is. (O) 응, 값이 싸.　　No, this house is. (X)

2 부정일 때 : No, 주어(대명사) + be동사 + not.

Are you sad? 너는 슬프니? → No, **I'm not.** 아니, 안 슬퍼.

Is Jack weak? Jack은 약하니? → No, **he isn't.** 아니, 그렇지 않아.

Are they in the theater? 그들은 극장에 있니? → No, **they aren't.** 아니, 그렇지 않아.

📌 부정의 대답 시에는 주로 축약형을 쓴다.

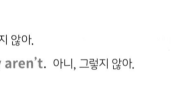

Am I wrong?
내가 틀렸니?

Simple Test

다음 빈칸에 들어갈 알맞은 단어를 적으세요.

1 너는 행복하니? → _____ _____ happy?

2 A: 그 남자는 키가 크니?　　B: 응, 키가 커.
→ A: _____ _____ _____ tall?
B: Yes, _____ _____.

3 A: 너는 배고프니?　　B: 아니, 안 고파.
→ A: _____ _____ hungry?
B: No, _____ _____.

4 A: 그 소년들은 너의 친구들이니?　　B: 아니, 그렇지 않아.
→ A: _____ the _____ your friends?
B: No, _____ _____.

Practice Test

What's your score? O   개 X   개

다음 괄호 안의 주어진 단어를 이용하여 문장을 완성하세요.

너는 긴장되니? (nervous)

_____

그는 테니스 선수니? (tennis player)

_____

너의 조부모님은 살아계시니? (grandparents, alive)

_____

토끼는 작은 동물이니? (rabbits, animals)

_____

사자는 잔인하니? (lions, cruel)

_____

그녀는 좋은 간호사니? (nurse, good)

_____

그들은 유명한 변호사들이니? (lawyers, famous)

_____

그는 지금 화가 났니? (angry, now)

_____

내가 어리석니? (stupid)

_____

그의 아들은 귀엽니? (son, cute)

_____

Actual Test

What's your score? O   개 X   개

다음 괄호 안의 주어진 단어를 이용하여 문장을 완성하세요.

1 A: Jessica가 늦니? (late)   B: 응, 늦어.

_____

2 A: 너는 배부르니? (full)   B: 응, 배불러.

_____

3 A: 너의 아버지는 바쁘시니? (busy)   B: 응, 바쁘셔.

_____

4 A: 너의 어머니는 엄격하시니? (strict)   B: 아니, 그렇지 않으셔.

_____

5 A: Billy와 Brian은 형제들이니? (and, brothers)   B: 아니, 그렇지 않아.

_____

6 A: 이 우유는 신선하니? (this, fresh)   B: 응, 신선해. (it)

_____

7 A: 이 나무들은 오래 되었니? (these trees)   B: 응, 오래 되었어.

_____

8 A: 그 벽은 초록색이니? (wall, green)   B: 아니, 그렇지 않아.

_____

9 A: 그들의 친구들은 친절하니? (their, kind)   B: 응, 친절해.

_____

10 A: Smith 씨가 너의 수학 선생님이니? (Mr. Smith, math teacher)
　　B: 아니, 그렇지 않아.

_____

New Words

wrong 틀린
tired 피곤한
cheap 값이 싼
weak 약한
nervous 긴장한
alive 살아있는
cruel 잔인한
famous 유명한
lawyer 변호사
stupid 어리석은
late 늦은; 늦게
strict 엄격한
full 배부른, 가득 찬
fresh 신선한

일반동사의 의문문

일반동사의 현재형 의문문 만들기

1 1, 2인칭 및 3인칭 복수 주어일 때 : Do + 주어 + 동사원형 ~?

Do you like basketball? 너는 농구를 좋아하니?

Do Jane and Merry love dolls? Jane과 Merry는 인형을 좋아하니?

2 3인칭 단수 주어일 때 : Does + 주어 + 동사원형 ~?

Does he play the guitar? 그는 기타를 치니?

Does your dad work in Seoul? 너의 아빠는 서울에서 일하시니?

Do they like apples?

일반동사의 현재형 의문문에 대답하기

1 긍정일 때 : Yes, 주어(대명사) + do [does].

Do the monkeys like apples? 그 원숭이들은 사과를 좋아하니?

→ Yes, **they do.** 응, 좋아해.

Does your grandmother live in Busan? 너의 할머니는 부산에 사시니?

→ Yes, **she does.** (O) 응, 부산에 사셔.   Yes, my grandmother does. (×)

2 부정일 때 : No, 주어(대명사) + don't [doesn't].

Do you like oranges? 너는 오렌지를 좋아하니?

→ No, **I don't.** 아니, 그렇지 않아.

Does she stay in her aunt's house? 그녀가 이모 댁에 머무르니?

→ No, **she doesn't.** 아니, 그렇지 않아.

Simple Test

다음 빈칸에 들어갈 알맞은 단어를 적으세요.

1 너는 이것을 원하니? → _____ you _____ this?

2 그는 운전을 잘 하니? → _____ he _____ well?

3 그들은 노래를 잘하니? → _____ they _____ well?

4 A: 그들은 너와 함께 사니?   B: 아니, 그렇지 않아.

→ A: _____ they _____ with you?

B: No, they _____ .

5 A: 너의 새끼 고양이는 많은 물을 마시니?   B: 응, 많이 마셔.

→ A: _____ your kitten _____ a lot of water?

B: Yes, it _____ .

Practice Test

What's your score?   O   개   X   개

다음 괄호 안의 주어진 단어를 이용하여 문장을 완성하세요.

1 그들은 마실 것을 원하니? (want, a drink)

_____

2 그는 학교에 걸어가니? (walk to school)

_____

3 그녀는 매일 그 꽃들에게 물을 주니? (water the flowers, every day)

_____

4 그는 밤 11시에 자러 가니? (go to bed, at 11 p.m.)

_____

5 너는 많은 고기를 먹니? (eat, meat, a lot of)

_____

6 그들은 매주 일요일에 교회에 가니? (go to church, every Sunday)

_____

7 너의 할아버지는 담배를 피우시니? (grandfather, smoke)

_____

8 그녀는 매일 아침에 운동을 하니? (exercise, every morning)

_____

9 Jang 씨는 많은 돈을 가지고 있니? (have, Mr. Jang, a lot of)

_____

10 그가 이 집을 소유하고 있니? (own, this house)

_____

Actual Test

What's your score? O   개 X   개

음 괄호 안의 주어진 단어를 이용하여 문장을 완성하세요.

A: 민호(Minho)는 콜라를 좋아하니? (Coke)   B: 응, 좋아해.

_____

A: 그는 많은 돈을 버니? (earn, a lot of)   B: 아니, 그렇지 않아.

_____

A: 그들은 햄버거를 파니? (sell, hamburgers)   B: 응, 팔아.

_____

A: 그는 콩을 먹니? (beans)   B: 아니, 안 먹어.

_____

A: 너희들 좋은 의견 가지고 있니? (good ideas)   B: 아니, 없어.

_____

A: 너는 중고 책들을 파니? (sell, used books)   B: 응, 팔아.

_____

A: 그 소녀는 아이스크림을 좋아하니? (girl, ice cream)   B: 아니, 안 좋아해.

_____

A: 소라(Sora)는 아침에 일찍 일어나니? (get up early, in the morning)
B: 아니, 그렇지 않아.

_____

A: 너의 친구들은 모험을 좋아하니? (adventure)
B: 응, 좋아해.

_____

0 A: 지원(Jiwon)과 민서(Minseo)는 서로 돕니? (help, each other)
B: 응, 서로 도와.

_____

New Words

aunt 이모, 숙모
kitten 새끼 고양이
walk 걷다, 걸어가다
water 물을 주다
church 교회
smoke 담배를 피우다
exercise 운동하다
own 소유하다
Coke 콜라
early 일찍
adventure 모험
earn 돈을 벌다
bean 콩
each other 서로
idea 생각, 의견

be동사, 일반동사의 과거형 의문문

Ⓐ be동사의 과거형 의문문 만들기

Be동사(Was, Were) + 주어 ~? : was, were와 주어의 순서를 바꾼 후 물음표를 붙인다.

Was she happy? 그녀는 행복했니?   **Were they** busy? 그들은 바빴니?

Ⓑ be동사의 과거형 의문문에 대답하기

1 긍정일 때 : Yes, 주어(대명사) + was / were.

Was it cold yesterday? 어제 추웠니? → Yes, it **was**. 응, 그랬어.

2 부정일 때 : No, 주어(대명사) + wasn't / weren't.

Were they late? 그들이 늦었니? → No, they **weren't**. 아니, 안 그랬어.

Did you turn off the gas stove?

Ⓒ 일반동사의 과거형 의문문 만들기

Did + 주어 + 동사원형~? : ~했니? 📌 주어의 인칭과 상관없이 Did를 쓴다.

Did you **watch** TV last night? 너는 어젯밤에 TV를 봤니?

Did he **turn off** the light? 그는 불을 껐니?

Did Andy and Betty **go** to the party? Andy와 Betty가 그 파티에 갔니?

Ⓓ 일반동사의 과거형 의문문에 대답하기

1 긍정일 때 : Yes, 주어(대명사) + did.

Did she wash her car? 그녀는 그녀의 차를 세차했니? → Yes, she **did**. 응, 그랬어.

2 부정일 때 : No, 주어(대명사) + didn't.

Did he drink a lot of water this morning? 그는 오늘 아침에 많은 물을 마셨니?

→ No, he **didn't**. 아니, 그러지 않았어.

Simple Test

다음 빈칸에 들어갈 알맞은 단어를 적으세요.

1 A: 그 소년은 집에 있었니?   B: 응, 그랬어.

→ A: _____ the boy at home?   B: Yes, he _____ .

2 A: 그 쿠키들은 맛있었니?   B: 아니, 안 그랬어.

→ A: _____ the cookies delicious?   B: No, they _____ .

3 A: 그녀가 기타를 쳤니?   B: 아니, 그러지 않았어.

→ A: _____ she _____ the guitar?   B: No, she _____ .

4 A: 네가 그에게 전화했니?   B: 응, 그랬어.

→ A: _____ you _____ him?   B: Yes, I _____ .

Practice Test

What's your score? O   개   X   개

다음 괄호 안의 주어진 단어를 이용하여 문장을 완성하세요.

1 그들은 그 도서관에 있었니? (in the library)

_____

2 그 시험은 어려웠니? (test, difficult)

_____

3 그 새끼 고양이는 그 생선을 먹었니? (kitten)

_____

4 그들이 어젯밤에 너를 집으로 데려다 주었니? (take you home, last)

_____

5 너는 오늘 아침에 그 큰 소음을 들었니? (this morning, loud, noise, hear)

_____

6 Mark는 어제 그 기차역에 갔니? (to, yesterday, train station)

_____

7 너의 아버지는 그 오래된 자전거를 팔았니? (old bicycle, sell)

_____

8 너의 남동생은 어제 많은 피자를 먹었니? (younger brother, a lot of, pizza)

_____

9 그가 그 아름다운 그림을 그렸니? (draw, painting)

_____

10 저 아이들이 이 모래성을 만들었니? (those, sand castle, this)

_____

Actual Test

What's your score? O   개 X   개

다음 괄호 안의 주어진 단어를 이용하여 문장을 완성하세요.

1 A: 그는 어제 아팠니? (sick, yesterday)   B: 응, 그랬어.

_____

2 A: 그들은 공원에 있었니? (at the park)   B: 아니, 그렇지 않았어.

_____

3 A: 너는 오늘 아침 그 꽃에 물을 주었니? (water the flower, this morning)   B: 아니, 그러지 않았어.

_____

4 A: James가 그 파티에서 트럼펫을 연주했니? (the trumpet, at)   B: 아니, 그러지 않았어.

_____

5 A: 그 회사는 많은 건물들을 소유했니? (company, own, many buildings)
B: 응, 그랬어.

_____

6 A: 그는 좋은 곡들을 작곡했니? (compose)   B: 응, 그랬어.

_____

7 A: 그는 그의 방을 청소했니? (clean)   B: 응, 그랬어.

_____

8 A: 그녀는 그녀의 우산을 잃어버렸니? (lose, umbrella)   B: 아니, 그렇지 않았어.

_____

9 A: 너는 너의 숙제를 끝냈니?   B: 응, 그랬어.

_____

10 A: 그들은 그들의 고향을 방문했니?   B: 아니, 그러지 않았어.

_____

New Words

late 늦은
turn off 끄다
delicious 맛있는
library 도서관
difficult 어려운
this morning
오늘 아침
loud 큰, 시끄러운
noise 소음
draw 그리다
sandcastle 모래성
water 물을 주다
trumpet 트럼펫
own 소유하다
compose 작곡하다
clean 청소하다
umbrella 우산
hometown 고향

Review Test

1~10) 다음 빈칸에 들어갈 알맞은 단어를 적으세요.

1 그 학생들은 6학년이니?

            the   in the sixth grade?

2 그는 영화배우였니?

                     a movie actor?

3 A: 그들은 서로 싸웠니?   B: 응, 그랬어.

   A: fight each other?   B: Yes, they   .

4 A: 너는 긴 머리를 좋아하니?   B: 아니, 안 좋아해.

   A: you like long hair?   B: No, I   .

5 A: 이 보고서는 그의 것이니?   B: 응, 그의 것이야.

   A: this report his?   B: Yes,   .

6 A: 그들은 그들의 사무실에 TV가 있니?   B: 아니, 없어.

   A: they have a TV in their office?   B: No,   .

7 A: 내가 길을 잃은 거니?   B: 응, 맞아.

   A: I lost?   B: Yes,   .

8 A: Greg는 두 개의 가게를 운영하니?   B: 아니, 그렇지 않아.

   A: run two shops?   B: No,   .

9 A: 그 남자들은 좋은 연주자들이었니?   B: 응, 그랬어.

   A: the men good musicians?   B: Yes,   .

10 A: 그들은 특별한 계획이 있었니?   B: 응, 있었어.

   A: have a special plan?

B: Yes,   .

(11~20) 다음 괄호 안의 주어진 단어를 이용하여 문장을 완성하세요.

11 A: 그녀는 운전을 하니? (drive)   B: 아니, 안 해.

12 A: 너는 음악을 좋아하니? (music)   B: 응, 좋아해.

13 A: 너는 치과 의사니? (dentist)   B: 아니, 그렇지 않아.

14 A: 그들은 신발을 파니? (sell, shoes)   B: 응, 팔아.

15 A: 너는 어제 탁구를 쳤니? (play, table tennis)   B: 아니, 그러지 않았어.

16 A: Rebecca는 노트북 컴퓨터를 가지고 있니? (a laptop)   B: 응, 가지고 있어.

17 A: 그 아이들은 조용했니? (the children, quite)   B: 응, 그랬어.

18 A: 너의 사무실은 3층에 있니? (your office, on the third floor)   B: 아니, 그렇지 않아.

19 A: 많은 학생들이 Donald를 그리워하니? (many students, miss)   B: 응, 그리워해.

20 A: 그녀는 그녀의 집에 많은 화분을 가지고 있니? (flowerpots, in her house)   B: 아니, 그렇지 않아.

Chapter

5

의문사

UNIT 12 What, Who, How

A What 무엇

1 be동사와의 결합 : What + be동사 + 주어 ~?

What is your name? 너의 이름은 무엇이니?

2 일반동사와의 결합 : What + do [does] / did + 주어 + 동사원형 ~?

What do you want? 너는 무엇을 원하니?

📌 「What + 명사」는 be동사나 일반동사와 결합할 때 '어떤~, 무슨~'으로 해석한다.

ex What color do you like? 너는 어떤 색을 좋아하니?

B Who 누구

1 be동사와의 결합 : Who + be동사 + 주어 ~?

Who are you? 너는 누구니?

2 일반동사와의 결합 : Who + do [does] / did + 주어 + 동사원형 ~?

Who do you marry? 너는 누구와 결혼하니?

3 Who가 주어 역할일 때 : Who + 동사 + -(e)s ~?

Who knows? 누가 아니?

Who are you?

I am Superma

C How 어떠하여, 어떻게 📌 「How + 형용사 / 부사」는 '얼마나~'로 주로 해석한다.

1 be동사와의 결합 : How + be동사 + 주어 ~?

How are you today? 너는 오늘 어떠니?   **How tall are** you? 너는 키가 얼마나 크니?

2 일반동사와의 결합 : How + do [does] / did + 주어 + 동사원형 ~?

How does he go to school? 그는 어떻게 학교에 가니?

Simple Test

다음 빈칸에 들어갈 알맞은 단어를 적으세요.

1 너의 남동생의 이름은 무엇이니?

→ _____ _____ your younger brother's name?

2 오늘 날씨는 어떠니? → _____ is the weather today?

3 그는 누구니? → _____ _____ he?

4 누가 신경 쓰니? → _____ cares?

5 겨울에 너는 어떤 옷을 입니? (clothes)

→ _____ _____ do you wear in winter?

Practice Test

What's your score? O   개 X   개

다음 괄호 안의 주어진 단어를 이용하여 문장을 완성하세요.

나에 대해서 무엇을 아니? (know, about, me)

_____

그것은 얼마나 높니? (high, it)

_____

누가 너를 사랑하니? (loves)

_____

너의 취미는 무엇이니? (hobby)

_____

너의 삼촌이 누구니? (uncle)

_____

너는 그것을 어떻게 아니? (know, it)

_____

그의 별명이 무엇이니? (nickname)

_____

그녀는 무엇을 가지고 있니? (have)

_____

누가 이 상자를 원하니? (want, this box)

_____

0 그 코끼리는 얼마나 크니? (big, the elephant)

_____

Actual Test ☆☆

What's your score? O   개 X   개

다음 괄호 안의 주어진 단어를 이용하여 문장을 완성하세요.

1 너의 꿈은 무엇이니? (dream)

_____

2 누가 그 정답을 아니? (the answer)

_____

3 타조들은 얼마나 빠르지? (fast, the ostriches)

_____

4 너의 주소는 무엇이니? (address)

_____

5 이 자는 얼마나 기니? (this ruler, long)

_____

6 너의 할머니는 연세가 어떻게 되시니? (old, grandmother)

_____

7 그녀는 매일 밤 얼마나 많은 잠을 자니? (how much, sleep, get)

_____

8 너의 가장 친한 친구는 누구니? (closest friend)

_____

9 A: 누가 너의 누나를 좋아하니? (older sister)   B: Karl이 그녀를 좋아해.

_____

10 A: 누가 너의 자전거를 가지고 있니? (has, bicycle)
     B: Peter가 그것을 가지고 있어. (it)

_____

> **New Words**
>
> weather 날씨
> care 신경쓰다, 관리하다
> about ~에 대하여
> high 높은; 높이
> hobby 취미
> uncle 삼촌
> nickname 별명
> want 원하다
> dream 꿈
> answer 정답
> ostrich 타조
> address 주소
> ruler 자
> closest
> 가장 가까운[친한]

When, Where, Why, Which

When 언제

1 be동사와의 결합 : When + be동사 + 주어 ~?

When is your birthday? 너의 생일이 언제니?

2 일반동사와의 결합 : When + do [does] / did + 주어 + 동사원형 ~?

When do you take a rest? 너는 언제 휴식하니?

Where 어디

1 be동사와의 결합 : Where + be동사 + 주어 ~?

Where are you now? 너는 지금 어디에 있니?

2 일반동사와의 결합 : Where + do [does] / did + 주어 + 동사원형 ~?

Where does he come from? 그는 어디에서 왔니?

Why 왜

1 be동사와의 결합 : Why + be동사 + 주어 ~?

Why are you sad? 너는 왜 슬프니?

2 일반동사와의 결합 : Why + do [does] / did + 주어 + 동사원형 ~?

Why does he sleep on the sofa? 왜 그는 소파 위에서 잠을 자니?

Why are you sad?

Which 어떤 것, 어느 것 ✏ 선택을 물을 때 사용한다.

1 be동사와의 결합 : Which + one [명사] + be동사 + 주어 ~?

Which one is yours? 너의 것이 어떤 것이니?

2 일반동사와의 결합 : Which + one [명사] + do [does] / did + 주어 + 동사원형 ~?

Which one do you like better? 어떤 것이 더 좋니?

Simple Test

다음 빈칸에 들어갈 알맞은 단어를 적으세요.

1 그 파티는 언제니? → _____ _____ the party?

2 버스 정류장이 어디니? → _____ _____ the bus stop?

3 너는 언제 자러 가니? → _____ _____ you go to bed?

4 그녀는 왜 커피를 좋아하니? → _____ _____ she like coffee?

Practice Test

정답 p.

What's your score? O   개 X   개

다음 괄호 안의 주어진 단어를 이용하여 문장을 완성하세요.

1 너는 왜 여기에 있니? (here)

_____

2 그의 부모님은 어디에 계시니? (his, parents)

_____

3 너의 것은 어떤 것이니? (one, yours)

_____

4 너는 왜 그것을 원하니? (do, it, want)

_____

5 그의 가게는 어디에 있니? (his, shop)

_____

6 너는 언제 너의 고향에 가니? (your, go to, hometown)

_____

7 그는 왜 너에게 친절하니? (to you, is, kind)

_____

8 그녀의 학교는 어디에 있니? (her, school)

_____

9 너는 언제 바쁘니? (you, busy)

_____

10 너는 왜 매일 일기를 쓰니? (every day, keep a diary)

_____

Actual Test

음 괄호 안의 주어진 단어를 이용하여 문장을 완성하세요.

우체국이 어디에 있니? (the post office)

_____

그녀는 왜 그렇게 열심히 일하니? (work, so hard)

_____

너는 언제 행복하니? (happy)

_____

너는 어느 책을 원하니? (book, want)

_____

너는 왜 일본어를 공부하니? (study, Japanese)

_____

어린이날이 언제니? (Children's Day)

_____

너의 새 차는 어디에 있니? (your, new)

_____

어느 것이 너의 자전거니? (one, your, bicycle)

_____

왜 그는 항상 웃니? (smile, all the time)

_____

너의 지갑은 어디에 있니? (wallet)

_____

New Words

take a rest
휴식을 취하다
party 파티, 모임
kind 친절한
shop 가게
hometown 고향
keep a diary
일기를 쓰다
post office 우체국
hard 열심히
Japanese 일본어
all the time 항상
wallet 지갑

Review Test

(1~10) 다음 빈칸에 들어갈 알맞은 단어를 적으세요.

1 누가 너의 사촌이니?

　　　　　　　　　　　　 your cousin?

2 너의 이메일 주소는 무엇이니?

　　　　　　　　　　　　 your email address?

3 그녀는 왜 항상 아프지?

　　　　　　　　　　　　 she always sick?

4 누가 이것을 보니?

　　　　　　　　　　　　 this?

5 어떤 것이 건강에 더 좋니?

　　　　　　　　　　　　 is better for health?

6 그녀의 꿈은 무엇이니?

　　　　　　　　　　　　 her dream?

7 너의 첫 발표는 언제니?

　　　　　　　　　　　　 your first presentation?

8 너의 남동생은 얼마나 키가 크니?

　　　　　　　　　　　　 is your younger brother?

9 그의 강아지들은 어디에서 잠을 자니?

　　　　　　　　　　　　 his puppies sleep?

10 그들은 왜 실망하니?

　　　　　　　　　　　　 they disappointed?

1~20) 다음 괄호 안의 주어진 단어를 이용하여 문장을 완성하세요.

1 그들은 왜 다른가? (different)

2 너의 아버지는 무엇을 하시니? (your father, do)

3 독수리의 날개는 얼마나 길지? (eagles' wings)

4 해는 언제 떠오르지? (the sun, rise)

5 그는 왜 그렇게 힘이 세니? (so strong)

6 너는 얼마나 열심히 일을 하니? (how, hard, work)

7 나의 여자 친구는 어디에 있지? (my, girlfriend)

8 내가 너를 어떻게 믿니? (trust)

9 너의 미래 계획은 무엇이니? (future plan)

10 콘서트가 언제 시작하니? (start, the concert)

Chapter
6
전치사

UNIT 14 시간의 전치사

A in

1 월, 계절, 연도 앞에 쓴다.

We have a big event **in** July. 우리는 7월에 큰 행사가 있다.

Steve Jobs was born **in** 1955. 스티브 잡스는 1955년에 태어났다.

2 비교적 긴 시간을 나타내는 말에 쓴다. (in the morning 아침에, in the afternoon 오후에, in the evening 저녁에)

She exercises hard **in the morning**. 그녀는 아침에 열심히 운동한다.

3 미래의 일정 시간, 기간 앞에 쓴다.

Let's see **in** two weeks. 2주 후에 만나자.

B on

1 요일, 날짜 앞에 쓴다. 📌 on + 요일s = every 요일

We go to the park **on** Sunday**s**. 우리는 일요일마다 공원에 간다.

2 특정한 날 앞에 쓴다.

She gave chocolate to her dad **on** Valentine's Day. 그녀는 밸런타인데이 때 아빠에게 초콜릿을 주었다.

C at

1 구체적인 시각 앞에 쓴다.

I have a meeting **at** 2 o'clock. 나는 2시에 회의가 있다.

2 하루 중의 특정한 때를 나타내는 말 앞에 쓴다. (at noon 정오에, at night 밤에, at midnight 자정에)

She has lunch **at noon**. 그녀는 정오에 점심을 먹는다.

D 기타 시간의 전치사

1 for '~동안' 📌 for는 기간을 나타낼 때 '숫자'가 뒤에 따라온다.

I exercised **for** three hours. 나는 3시간 동안 운동했다.

2 before '~전에' ↔ after '~후에'

Sarah studied English **after** lunch. Sarah는 점심 식사 후에 영어를 공부했다.

📌 시간을 나타내는 this, last, next, every 앞에는 전치사를 쓰지 않는다.

ex this evening 오늘 저녁 / I met Amy last Sunday. 나는 Amy를 지난 일요일에 만났다.

Simple Test

다음 빈칸에 들어갈 알맞은 단어를 적으세요.

1 내 생일에 우리 집에 와라. → Come to my house _____ my birthday.

2 나는 매일 8시에 일어난다. → I get up _____ 8 o'clock every day.

3 10월에 날씨는 어때요? → How is the weather _____ October?

4 나는 오후에 축구를 한다. → I play soccer _____ the afternoon.

Practice Test

정답 p.10

What's your score? O   개   X   개

음 괄호 안의 주어진 단어를 이용하여 문장을 완성하세요.

내일 7시에 만나자. (Let's, meet, o'clock)

_____

진수(Jinsu)는 밤에 조깅을 한다. (jog)

_____

그는 2시간 동안 일했다. (work, two hours)

_____

우리는 저녁에 멋진 파티를 가졌다. (great party, evening)

_____

Tim은 그의 생일에 많은 친구들을 초대했다. (invite, many, his birthday)

_____

나는 지난주에 시험을 보았다. (have, exam, week)

_____

그는 주말에 TV를 본다. (watch, weekend)

_____

우리는 크리스마스에 선물을 받는다. (get, presents, Christmas Day)

_____

그녀의 생일은 5월 1일이다. (May 1st, birthday)

_____

0 아빠는 아침에 신문을 읽으신다. (read, the newspaper, morning)

_____

Actual Test

What's your score? O   개 X   개

다음 괄호 안의 주어진 단어를 이용하여 문장을 완성하세요.

1 한국과 일본은 2002년에 월드컵을 개최했다. (hold, the World Cup)

_____

2 많은 학생들이 아침에 버스를 기다린다. (wait for, buses, many)

_____

3 나는 자정에 자러 간다. (go to, midnight)

_____

4 나는 내 생일에 항상 행복하다. (always happy, my birthday)

_____

5 나는 지난주 금요일에 삼촌을 방문했다. (visit, uncle, Friday)

_____

6 오전 11시에 동물원으로 가자. (Let's, morning, 11 o'clock, the zoo, go to)

_____

New Words

7 그는 저녁에 한국 역사를 공부한다. (Korean history, evening)

_____

ski 스키

October 10월

tomorrow 내일

hour 시간

exam 시험

8 나는 매주 금요일에 엄마와 함께 쿠키를 굽는다. (bake, cookies, my mom, Fridays)

_____

week 주, 일주일

weekend 주말

present 선물

May 5월

9 우리는 크리스마스에 고아원을 방문한다. (visit, Christmas Day, an orphanage)

_____

newspaper 신문

wait for ~을 기다리다

orphanage 고아원

10 Kevin은 매일 2시간 동안 컴퓨터 게임을 한다.
(computer games, two hours, every day)

history 역사

held

hold (개최하다)의 과거

_____

장소의 전치사

~에(서)

1 at : 비교적 좁은 장소 (마을 이하)

He works **at** a bank. 그는 은행에서 일한다.

2 in : 비교적 넓은 장소 (도시 이상), '~안에'라는 의미이다.

She lives **in** New York. 그녀는 뉴욕에 산다.

Your book is **in** the box. 너의 책은 그 상자 안에 있다.

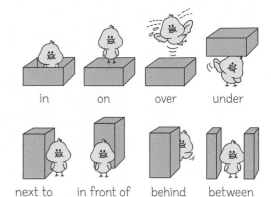

in   on   over   under

next to   in front of   behind   between

~위에

1 on : 접촉한 면 위를 나타낸다.

The pen is **on** the desk. 그 펜은 책상 위에 있다.

2 over : 접촉하지 않고 떨어진 허공 위를 나타낸다.

The bird is flying **over** the tree. 새가 나무 위를 날고 있다.

그 밖의 장소를 나타내는 전치사

next to (= by)	~옆에	behind	~의 뒤에
in front of	~의 앞에	under	~의 아래에
between	~의 사이에 (둘 사이)	among	~중[사이]에 (셋 이상)

The man is standing **in front of** the building. 그 남자는 그 건물 앞에 서 있다.

The ball is **under** the table. 그 공은 탁자 아래에 있다.

Simple Test

다음 빈칸에 들어갈 알맞은 단어를 적으세요.

1 많은 한국인들이 중국에서 일한다.

→ Many Koreans work _____ China.

2 Mary는 놀이터에서 줄넘기를 하고 있다.

→ Mary is jumping rope _____ the playground.

3 고양이 한 마리가 소파 아래에 앉아 있다.

→ A cat is sitting _____ the sofa.

4 그 빵집은 은행과 서점 사이에 있다.

→ The bakery is _____ the bank and bookstore.

Practice Test ✧·

정답 p.1

What's your score? O   개 X   개

다음 괄호 안의 주어진 단어를 이용하여 문장을 완성하세요.

1   그는 그녀의 옆에 앉아 있다. (is, sitting)

_____

2   Mika는 그 나무 뒤에 있다. (is, the tree)

_____

3   그녀는 서울에 사니? (live, Seoul)

_____

4   그는 동물원에서 일한다. (work, at the zoo)

_____

5   몇몇의 고양이들이 지붕 위에 있다. (several, are, roof)

_____

6   엄마는 부엌에서 요리를 하고 계신다. (cooking, kitchen)

_____

7   그는 많은 학생들 중에서 그의 아들을 찾았다. (many, found)

_____

8   그 벽 뒤에는 비밀의 방이 있다. (the wall, a secret room, there is)

_____

9   내 책상은 나의 피아노와 그 문 사이에 있다. (my piano, the door)

_____

10 그 소녀는 그녀의 엄마 옆에서 자고 있다. (sleeping, her mom)

_____

Actual Test

What's your score? O   개 X   개

다음 괄호 안의 주어진 단어를 이용하여 문장을 완성하세요.

너는 이 식탁 위에 무엇을 두니? (what, put, this table)

_____

너의 신발 안에 무엇이 있니? (what, your, shoes)

_____

이 아이들 가운데 너의 여동생은 누구니? (younger sister, children)

_____

나의 집 열쇠는 내 차 안에 있다. (house key, my car)

_____

큰 독수리 한 마리가 우리 마을 위로 날아가고 있다. (fly, eagle, my town)

_____

많은 물고기들이 물 아래에서 헤엄치고 있다. (a lot of, swimming, the water)

_____

그는 대구(Daegu)에서 10년 동안 살았다. (lived, years, for)

_____

우리는 작년에 서울 역사 박물관에서 처음 만났다.
(the Seoul Museum of History, first met, year)

_____

그는 그의 집 앞에서 매일 넘어진다. (falls down, his house, every day)

_____

0 큰 곰이 그들의 뒤에 서 있다. (bear, standing, them)

_____

> **New Words**
>
> fly 날다
> stand 서다, 서 있다
> bakery 빵 가게
> China 중국
> jump rope
> 줄넘기를 하다
> zoo 동물원
> several 몇몇의
> roof 지붕
> wall 벽
> put 놓다, 두다
> shoes 신발
> eagle 독수리
> town 마을
> first 처음(으로)
> fall down 넘어지다
> bear 곰

Review Test

(1~10) 다음 빈칸에 들어갈 알맞은 단어를 적으세요.

1   여름에 나는 친구들과 캠핑을 간다.

   I go camping with my friends   .

2   엄마는 매일 3시에 운동을 하신다.

   My mom   three o'clock every day.

3   나의 고양이는 자주 침대 밑에 숨는다.

   My cat often hides   the bed.

4   Lynn이 이 건물 뒤에서 너를 기다리고 있어.

   Lynn is waiting for you   this building.

5   우리는 매주 수요일에 독서 수업이 있다.

   We have a reading class   Wednesdays.

6   우리 가족과 함께 그곳에 가자.

   Let's go there   my family.

7   그는 3년 동안 인천에서 일했다.

   He worked   Incheon   three years.

8   그는 아침에 많은 물을 마신다.

   He drinks a lot of water   morning.

9   그녀는 밤에 한 권의 소설을 읽는다.

   She reads a novel   .

10 나는 11월에 태어났다.

   I was born   November.

72

11~20) 다음 괄호 안의 주어진 단어를 이용하여 문장을 완성하세요.

1 우리는 일요일 밤에 저녁 파티를 했다. (dinner party)

2 그들은 시장에서 우유를 샀다. (market, bought)

3 그는 그의 생일에 돈을 기부한다. (donate, his birthday)

4 많은 십대들 사이에 그 가수가 서 있다. (standing, teenagers, many)

5 세 명의 학생이 도서관에서 책을 읽고 있다. (reading, the library)

6 그들은 정오에 사람들에게 도시락을 주었다. (gave people, lunchboxes)

7 저녁에 그 콘서트에 가자. (Let's, to the concert)

8 그 국가에는 많은 공장이 있다. (many factories, there are, country)

9 야구공 하나가 두 개의 축구공 사이에 있다. (between, baseball, soccer balls)

10 그는 10년 동안 최선을 다했다. (did his best, ten years)

Chapter

7

조동사

UNIT 16 can, will

A can + 동사원형 = be able to + 동사원형 : ~할 수 있다 (가능)

평서문	주어 + can + 동사원형 = 주어 + am, are, is + able to + 동사원형
	You **can (= are able to)** do it. 너는 그것을 할 수 있어.
부정문	주어 + can't (= cannot) + 동사원형 = 주어 + am, are, is + not able to + 동사원형
	She **can't (= cannot = is not able to)** swim. 그녀는 수영을 할 수 없어.
의문문	Can + 주어 + 동사원형 ~? = Am, Are, Is + 주어 + able to + 동사원형 ~?
	Can you come to me? 나에게 올 수 있니? = **Are** you **able to** come to me?

I can't run fast.

B will + 동사원형 : ~할 것이다 (미래)

평서문	주어 + will + 동사원형	I **will** finish this. 내가 이것을 끝낼 것이다.
부정문	주어 + won't (= will not) + 동사원형	He **won't (= will not)** go there. 그는 그곳에 가지 않을 것이다
의문문	Will + 주어 + 동사원형 ~?	**Will** you ride a bicycle? 너는 자전거를 탈 거니?

C be going to + 동사원형 : ~할 예정이다 (미래)

평서문	주어 + am, are, is + going to + 동사원형	She **is going to** visit the city. 그녀는 그 도시를 방문할 예정이다.
부정문	주어 + am, are, is + not going to + 동사원형	He **is not (= isn't) going to** explain it. 그는 그것을 설명하지 않을 예정이다.
의문문	Am, Are, Is + 주어 + going to + 동사원형 ~?	**Is** he **going to** cancel the concert? 그가 그 콘서트를 취소할 예정이니?

Simple Test

다음 빈칸에 들어갈 알맞은 단어를 적으세요.

1 나는 노래를 잘 부를 수 있다. → I _____ sing well.

2 그녀는 춤을 잘 출 수 있다.
→ She _____ _____ _____ dance well.

3 그는 그들을 해고하지 않을 예정이다. → He is _____ _____ to fire the

Practice Test

What's your score? ○　　　개　X　　개

다음 괄호 안의 주어진 단어를 이용하여 문장을 완성하세요.

그들은 많은 집을 지을 수 있다. (many houses, build)

_____

그는 2시에 여기를 떠날 예정이다. (leave, going, here, at 2 o'clock)

_____

나는 이 상자를 옮길 수 있다. (able to, carry, this)

_____

그녀는 그녀의 꿈을 포기하지 않을 것이다. (won't, dream, give up)

_____

우리는 여기에 머무를 예정이다. (going to, stay)

_____

나는 독일어를 말할 수 없다. (speak, German)

_____

옆 교실로 가 줄래? (will, to, next classroom)

_____

너는 중요한 일을 하게 될 것이다. (important, things)

_____

너는 매운 음식을 먹을 수 있니? (able to, spicy, food)

_____

그는 그 문을 수리할 수 있니? (fix, able to, the door)

_____

Actual Test ★☆☆

정답 p.

What's your score? O   개 X   개

다음 괄호 안의 주어진 단어를 이용하여 문장을 완성하세요.

1   우리는 이 지도를 가지고 갈 수 있다. (this, map, take)

_____

2   그녀는 그녀의 방에서 나오지 않을 것이다. (won't, come out of)

_____

3   그는 기타를 칠 수 있니? (able, guitar)

_____

4   그는 다시는 그 게임을 안 할 것이다. (will, again, the game)

_____

5   우리는 이 프로젝트를 마칠 수 있다. (can, finish, project)

_____

6   Joseph은 실수하지 않을 것이다. (will, make a mistake)

_____

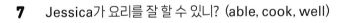

New Words

7   Jessica가 요리를 잘 할 수 있니? (able, cook, well)

_____

8   너는 그 표를 먼저 구할 수 없다. (get, ticket, can)

_____

9   너는 보고서를 제출할 예정이니? (submit, going, the report)

_____

10   많은 사람들이 휴대전화를 살 것이다. (many, cell phones, buy)

_____

explain 설명하다
cancel 취소하다
fire 해고하다
build (건물을) 짓다
give up 포기하다
carry 옮기다
stay 머무르다
German 독일어
spicy 매운
project 프로젝트, 과제
make a mistake
실수하다
submit 제출하다
report 보고서

must, may

must ~해야 한다 🚩 강한 의무

평서문	must + 동사원형	You **must** stop smoking. 너는 흡연을 멈춰야 한다.
부정문	must not (= mustn't) + 동사원형	You **must not (= mustn't)** kill wild animals. 야생동물을 죽여서는 안 된다.
의문문	Must + 주어 + 동사원형 ~?	**Must** I stay here? 제가 여기에 머물러야 하나요?

have [has] to ~해야 한다 🚩 일반적 의무

평서문	have [has] to + 동사원형	She **has to** do her homework. 그녀는 숙제를 해야 한다.
부정문	don't [doesn't] have to + 동사원형 📌 '~할 필요가 없다'로 해석한다.	You **don't have to** wash your car. 너는 너의 차를 세차할 필요가 없다.
의문문	Do [Does] + 주어 + have to + 동사원형 ~?	**Do** I **have to** open this box? 내가 이 상자를 열어야 하나요?

should ~해야 한다 🚩 약한 의무, 권고

You **should** take care of yourself. 네 자신을 돌봐야 한다.
You **shouldn't (= should not)** miss this. 이것을 놓치면 안 된다.
Should I learn this function? 이 기능을 배워야 하나요?

You mustn't kill animals.

may ~해도 된다, ~일지도 모른다 🚩 허가, 추측

You **may** go home now. 지금 집에 가도 된다.
He **may not** know the solution. 그가 해결책을 알지 못할지도 모른다.
May I help you? 무엇을 도와 드릴까요?

Simple Test

다음 빈칸에 들어갈 알맞은 단어를 적으세요.

1 너는 다른 사람들을 때려서는 안 된다. (강한 명령)
→ You _____ hit other people.

2 그녀가 너에게 전화할 지도 모른다. → She _____ call you.

3 우리는 오늘 일할 필요가 없다. → We _____ have _____ work today.

Practice Test

What's your score? O ____ 개 X ____ 개

다음 괄호 안의 주어진 단어를 이용하여 문장을 완성하세요.

1 화장실에 가도 될까요? (to, the bathroom, may)

_____

2 그들은 오늘 이 숙제를 다 해야 한다. (have, do, all this, today)

_____

3 그는 그녀를 그리워할지도 모른다. (miss)

_____

4 너는 이 기계를 만져서는 안 된다. (touch, must, machine)

_____

5 우리가 이 상자들을 옮겨야 하나요? (carry, have to, these)

_____

6 너는 이것을 잊어서는 안 된다. (should, forget)

_____

7 그는 이 꽃들을 살 필요가 없다. (have, buy, these)

_____

8 너는 너의 노트북 컴퓨터를 가지고 와도 된다. (bring, may, laptop)

_____

9 너는 이 규칙을 따라야 한다. (must, rule, follow)

_____

10 우리는 많은 물을 마셔야 한다. (should, a lot of)

_____

Actual Test

정답 p.12

What's your score?   O   개   X   개

음 괄호 안의 주어진 단어를 이용하여 문장을 완성하세요.

너는 비싼 가방을 사면 안 된다. (must, expensive, bags)

_____

우리는 그 시험에 떨어지지 않을지도 모른다. (fail, the exam)

_____

그들은 내일 서울로 갈 필요가 없다. (go, to Seoul, tomorrow, have)

_____

내일 비가 올지도 모른다. (it, rain)

_____

내가 그의 휴대전화 번호를 알아야 하나요? (should, cell phone number)

_____

너희는 여기서 길을 건너면 안 된다. (must, cross the street)

 New Words

이 책의 마지막 부분은 건너뛰어도 될까요? (skip, may, the last part of)

_____

그녀는 거기에 지하철을 타고 갈 필요가 없다. (have, by subway)

_____

우리는 무료 와이파이 서비스를 이용해야만 한다. (should, WiFi service, free)

_____

너는 일주일에 한 번 이 꽃들에 물을 주어야 한다. (water, have to, once a week)

take care of ~을 돌보다
miss 놓치다, 그리워하다
function 기능
solution 해결책
bathroom 화장실
forget 잊어버리다
touch 만지다
machine 기계
bring 가지고 오다
follow (규칙 등을) 따르다
fail 실패하다
cross 건너다
part 부분
subway 지하철
free 무료의

Review Test

(1~10) 다음 빈칸에 들어갈 알맞은 단어를 적으세요.

1 너는 높이 점프할 수 있다.

You _____ _____ high.

2 우리는 새로운 수업을 개설할 예정이다.

We _____ _____ _____ open a new class.

3 그는 다시는 나에게 그의 차를 빌려주지 않을 것이다.

He _____ lend me his car again.

4 다른 음식을 주문할 필요는 없습니다. (have)

You _____ _____ _____ order a different dish.

5 Robert는 그들을 방문하지 않을지도 모른다.

Robert _____ _____ visit them.

6 그녀는 영어를 말할 수 있나요?

_____ she _____ _____ speak English?

7 나는 그에게 이메일을 보내야 한다.

I _____ _____ send him an email.

8 그는 더 많은 책을 읽지 않을 예정이다.

He _____ _____ _____ to read more books.

9 박물관 안에서 사진 찍으면 안 된다.

You _____ _____ take any photos in the museum.

10 너는 왼손으로 글을 쓸 수 있니?

_____ you _____ to write with your left hand?

11~20) 다음 괄호 안의 주어진 단어를 이용하여 문장을 완성하세요.

1 모든 사람들은 안전벨트를 착용해야 한다. (a seat belt, should, wear)

2 너는 지금 물을 마셔도 좋다. (drink, now)

3 그는 피자 열 조각을 먹을 수 있니? (able, ten pieces of)

4 우리는 오늘 밤에 10개의 단어를 암기할 필요가 없다. (memorize, have to, words)

5 너의 가방을 그 책상 위에 올려놓아도 된다. (put, may, on the desk)

6 그녀는 그녀 소유의 서점을 운영할지도 모른다. (run, own bookstore)

7 그는 그의 집을 팔 예정이다. (going, sell)

8 제가 지금 도서관으로 가야 하나요? (should, go, the library)

9 그녀는 밤에 불을 끌 필요가 없다. (have to, the light, turn off)

0 수업 시간에 바깥에 나가서는 안 된다. (go outside, in the class time, must)

Chapter

8

형용사와 부사

형용사

A 형용사란 무엇인가?

1 사람이나 사물의 상태, 성질 등을 나타내는 말이다.
📌 모양, 색깔, 크기, 개수 등을 자세하게 설명하거나 꾸며준다.
2 해석 : '~한' **ex** happy (행복한), big (큰), high (높은), blue (파란), sad (슬픈)

B 형용사의 쓰임

1 형용사 + 명사 (명사 수식)

She is a **tall girl**. 그녀는 키가 큰 소녀이다.　　　John is a **kind teacher**. John은 친절한 선생님이다.

2 동사 + 형용사 (주격 보어)

He is **handsome**. 그는 잘생겼다.　　　They are **diligent**. 그들은 부지런하다.

C 수량형용사란 무엇인가?

1 수, 양의 많고 적음을 나타내는 말이다.

2 종류

He has a lot of mor

	셀 수 있음 (수) 📕 항상 복수 취급	셀 수 없음 (양) 📕 항상 단수 취급	셀 수 있음 / 없음 📕 수, 양 둘 다 가능
많은	many	much	a lot of, lots of
조금 있는, 몇몇의 (긍정적 의미)	a few	a little	some, any
거의 없는 (부정적 의미)	few	little	

I have **many** (= **a lot of** = **lots of**) cats. 나는 많은 고양이를 키운다.

We needed **a few** chairs. 우리는 의자가 조금 필요했다.

📌 much는 주로 의문문과 부정문에 쓰인다.
　ex I don't have **much** money. 나는 돈이 많이 없다.

Simple Test 다음 빈칸에 들어갈 알맞은 단어를 적으세요.

1 우리의 수학 선생님은 아름답다.
　→ Our math teacher ＿＿＿＿＿＿ ＿＿＿＿＿＿.

2 나는 물이 조금 필요하다. → I need ＿＿＿＿＿＿ ＿＿＿＿＿＿ water.

3 그녀는 돈을 거의 원하지 않는다. → She wants ＿＿＿＿＿＿ money.

4 나의 할아버지는 많은 책을 가지고 계신다.
　→ My grandfather has ＿＿＿＿＿＿ ＿＿＿＿＿＿ books.

음 괄호 안의 주어진 단어를 이용하여 문장을 완성하세요.

나는 행복한 삶을 원한다. (want, a, life)

_____

그 남자는 높은 건물을 가지고 있다. (has, building, tall)

_____

많은 학생들이 그를 좋아한다. (many, him)

_____

우리 동네는 조용하고 평화롭다. (my neighborhood, peaceful)

_____

그 소년은 우유를 조금 마시고 있다. (the, is, drinking, milk)

_____

많은 새들이 날고 있다. (lots of, flying)

_____

그들은 슬픈 이야기들을 너에게 말해 줄 것이다. (tell you, stories)

_____

나는 이 파티에 아는 사람이 거의 없다. (few, at this party)

_____

많은 어린이들이 교실 안에 있다. (children, a lot of, in the classroom)

_____

몇몇 사람들이 그의 사무실에 있다. (are, in his office)

_____

Actual Test

What's your score?   O   개   X   개

다음 괄호 안의 주어진 단어를 이용하여 문장을 완성하세요.

1 아름다운 나비가 꽃 위에 앉아 있다. (beautiful, butterfly, sitting, on)

_____

2 그 근로자들은 공장에서 많은 인형을 만든다. (workers, many, dolls, in the factory)

_____

3 지금 많은 사람들이 서울역에 있다. (a lot of, at Seoul Station, are)

_____

4 그는 그의 손에 쌀을 조금 가지고 있다. (a little, rice, on his hand)

_____

5 몇몇 군인들이 그 마을을 보호했다. (protected, soldiers, the town, few)

_____

6 많은 소년들이 수영장에서 헤엄치고 있다. (many, swimming, pool)

_____

7 John은 여름에 많은 아이스크림을 먹는다. (eat, lots of)

_____

8 Paul은 그의 필통 안에 연필을 조금 가지고 있다. (in his pencil case)

_____

9 Tommy는 그의 방 안에 많은 책을 가지고 있다. (a lot of, books, in)

_____

10 그 소녀는 많은 우유를 마시지 않았다. (didn't, drink, milk)

_____

New Words

handsome 잘생긴
life 삶, 인생
neighborhood 동네
quiet 조용한
peaceful 평화로운
story 이야기
know 알다
math 수학
protect 보호하다
worker 근로자, 노동자
factory 공장
station 역
rice 쌀
pencil 연필
pencil case 필통

UNIT 19 부사

A 부사란 무엇인가?

1 동사, 형용사, 다른 부사 등을 꾸며주는 말이다.

2 형용사에 주로 -ly를 붙인다. ⓔⓧ quick (빠른) → quickly (빠르게)

「자음 + y」로 끝나는 경우 : y를 i로 고친 후 -ly를 붙인다. ⓔⓧ happy (행복한) → happily (행복하게)

3 해석 : '~하게'

📌 형용사와 부사의 형태가 같은 경우도 있다.

ⓔⓧ fast (빠른; 빨리), late (늦은; 늦게), early (이른; 일찍), high (높은; 높게) 등

B 부사의 쓰임

동사 수식	He **smiled softly**. 그는 부드럽게 미소 지었다.
형용사 수식	I am **very tall**. 나는 매우 키가 크다.
부사 수식	I like her **very much**. 나는 그녀를 매우 좋아한다.
문장 전체 수식	**Luckily, he didn't make a mistake**. 운 좋게도 그는 실수하지 않았다.

C 유도 부사

1 There is + 단수 : ~이[가] 있다

There is a big well in my town.
우리 마을에 큰 우물이 하나 있다.

2 There are + 복수 : ~들이 있다

There are three rules here. 여기에 세 가지의 규칙들이 있다.

There is a puppy.

There are puppies.

Simple Test

다음 빈칸에 들어갈 알맞은 단어를 적으세요.

1 그는 느리게 걷는다. → He walks _____.

2 나는 정말 행복하다. → I am _____ happy.

3 공원에 많은 사람들이 있다. → _____ _____ many people in the park.

4 책상 아래에 공이 하나 있다. → _____ _____ a ball under the desk.

5 그녀는 아침에 일찍 일어난다. → She gets up _____ in the morning.

Practice Test

다음 괄호 안의 주어진 단어를 이용하여 문장을 완성하세요.

1 행복하게도, 그들은 건강하다. (they, healthy)

_____

2 내 방 안에 두 마리의 고양이가 있다. (two, there, in, my)

_____

3 그 소년은 슬프게 울었다. (cried)

_____

4 정말 많이 고마워. (thank, very)

_____

5 그는 매일 아침 빠르게 달린다. (run, every morning)

_____

6 나의 반에는 30명의 학생들이 있다. (there, thirty, in my class)

_____

7 그 교회 안에는 많은 사람들이 있다. (there, many, in the church)

_____

8 용감한 소년이 한 명 있다. (there, brave, boy)

_____

9 Ben은 그 공을 높이 던질 수 있다. (throw, can, the ball)

_____

10 그는 늦게 학교에 갔다. (went to, late)

_____

Actual Test

정답 p.13

What's your score? O   개 X   개

다음 괄호 안의 주어진 단어를 이용하여 문장을 완성하세요.

흥미롭게도, 타조는 날 수 없다. (ostriches, interestingly, can't)

_____

그 공장에는 열 명의 근로자들이 있다. (there, in the factory, ten workers)

_____

그 새는 부드럽게 지저귀고 있다. (softly, singing)

_____

그 소녀는 예쁘게 춤을 추고 있다. (dancing, prettily)

_____

두 소년이 운동장에 있다. (there, two, on the playground)

_____

부엌에 소금이 있니? (there, in, salt, kitchen)

_____

얼마나 많은 책들이 도서관에 있니? (there, in, books, library, how many)

_____

Ryan은 아침에 늦게 일어나니? (get up, does, late)

_____

너는 영어로 타자를 빨리 칠 수 있니? (type, can, in English, fast)

_____

정원에는 많은 꽃들이 있다. (many, in the garden, there)

_____

New Words

luckily 운 좋게도
well 우물
rule 규칙
park 공원
really 정말로
cry 울다
class 학급[반], 수업
thirty 숫자 30, 30명의
interestingly 흥미롭게
salt 소금
softly 부드럽게
library 도서관
playground 운동장
type 타자 치다

Chapter 8   **91**

Review Test

(1~10) 다음 빈칸에 들어갈 알맞은 단어를 적으세요.

1 빵집에 많은 빵이 있다.

＿＿＿＿＿＿ is ＿＿＿＿＿＿ ＿＿＿＿＿＿ ＿＿＿＿＿＿ bread in the bakery.

2 많은 중학생들이 늦게 잔다.

＿＿＿＿＿＿ middle school students go to bed ＿＿＿＿＿＿ .

3 어린이를 위한 만화 영화가 많이 있다.

There ＿＿＿＿＿＿ ＿＿＿＿＿＿ animation movies for children.

4 이 병 안에는 우유가 거의 없다.

There ＿＿＿＿＿＿ ＿＿＿＿＿＿ milk in this bottle.

5 우리 마을에는 서점들이 조금 있다.

There are ＿＿＿＿＿＿ ＿＿＿＿＿＿ bookstores in my town.

6 내 방 안에는 많은 양말들이 있다.

There ＿＿＿＿＿＿ ＿＿＿＿＿＿ socks in my room.

7 우리는 매우 행복하게 일한다.

We work ＿＿＿＿＿＿ ＿＿＿＿＿＿ .

8 한 영리한 소년이 그 어려운 수학 문제를 풀고 있다.

A smart boy ＿＿＿＿＿＿ solving the ＿＿＿＿＿＿ math question.

9 배고픈 돼지 한 마리가 사료를 먹고 있다.

A ＿＿＿＿＿＿ pig ＿＿＿＿＿＿ eating feed.

10 세계에는 많은 나라들이 있다.

＿＿＿＿＿＿ ＿＿＿＿＿＿ many countries in the world.

11~20) 다음 괄호 안의 주어진 단어를 이용하여 문장을 완성하세요.

1 일 년에는 열두 달이 있다. (there, months, year)

2 이번 달은 30일이 있다. (there, month, thirty, day)

3 하루에는 12시간이 있니? (there, day, twelve, hour)

4 다 같이 높이 점프하자. (Let's, together)

5 이 공원에는 많은 다람쥐들이 있다. (there, in, squirrels, this)

6 그 숲에는 새가 거의 없다. (few, in the forest)

7 나는 매우 이른 아침에 아침을 먹는다. (have, breakfast, early)

8 그는 많은 곡들을 작곡했다. (lots of, composed, songs)

9 그는 매우 분명하게 말한다. (clearly, speak)

10 그의 마지막 콘서트는 환상적이었다. (concert, was, last, fantastic)

Final Test

Final Test ❶

(1~10) 다음 빈칸에 들어갈 알맞은 단어를 적으세요.

1 많은 아이들이 나무 뒤에 있다.

_____ children are _____ the tree.

2 너는 언제 너의 숙제를 하니?

_____ _____ you do your homework?

3 우리는 우리의 손님들에게 친절해야 한다.

We _____ be _____ to our guest.

4 Jane은 우리의 친구이다.

Jane _____ _____ friend.

5 그는 긴 보고서를 쓰고 있다.

He _____ _____ a long report.

날씨가 얼마나 덥니?

_____ hot _____ the weather?

Elly는 그 차를 빨리 운전할 수 있다.

Elly is _____ _____ drive the car fast.

그는 그의 방에서 기타를 치고 있다.

He is _____ _____ guitar in his room.

마당에 많은 새들이 있다.

_____ _____ many birds in the yard.

나의 신발은 어디에 있니?

_____ are _____ shoes?

Final Test ①

(11~20) 다음 빈칸에 들어갈 알맞은 단어를 적으세요.

11 나는 저 문을 열 수 없다.

I _____ _____ that door.

12 금고 안에 많은 돈이 있다.

There is _____ _____ _____ money in the safe.

13 그는 큰 동물원에서 일한다.

_____ _____ in a big zoo.

14 이것들은 그녀의 연필이다.

_____ _____ her pencils.

15 두 마리의 독수리가 지붕 위를 날고 있다.

Two eagles _____ _____ _____ the roof.

정답 p.14

What's your score?   O   개 X   개

파스타는 매우 빨리 요리된다. (quick)

Pasta _____ very _____.

어느 것이 나의 컵이니?

_____ _____ is my cup?

Jessica는 긴 머리를 가지고 있다.

Jessica _____ _____ hair.

지훈이는 매우 잘생겼다.

Jihun _____ very _____.

12월에 큰 파티가 있다.

_____ is a big party _____ December.

Final Test 2

(1~10) 다음 괄호 안의 주어진 단어를 이용하여 문장을 완성하세요.

1 그는 두꺼운 책을 읽고 있다. (read, thick)

_____

2 그들은 여기를 떠날지도 모른다. (leave, here)

_____

3 Diana는 Dennis 옆에서 편지를 쓰고 있다. (write, a letter)

_____

4 Simon은 지금 무엇을 하고 있니? (do, now)

_____

5 그 영화는 곧 시작하니? (soon, start)

_____

그 고양이는 매일 세수를 하니? (wash, its, face, every day)

_____

저것들은 나의 안경이다. (glasses)

_____

왜 그 아이는 울고 있니? (the child, is, cry)

_____

아기들은 공부할 필요가 없다. (have to, babies, study)

_____

나는 내 생일에 일본에 갈 것이다. (to, Japan, will, my birthday)

_____

Final Test ②

(11~20) 다음 괄호 안의 주어진 단어를 이용하여 문장을 완성하세요.

⑪ 너는 네 친구들을 미워하면 안 된다. (must, hate, friends)

_____

⑫ 그녀는 지금 낮잠을 자고 있니? (take a nap)

_____

⑬ Ruby는 Emma와 Amy 사이에 앉아 있다. (is, sit, and)

_____

⑭ 너는 이것을 오후 10시 전에는 끝내야 하니? (this, before 10 p.m., have to, finish)

_____

⑮ 시청 앞에 사람들이 조금 있다. (there, a few, City Hall)

_____

누가 너의 노트북을 갖고 있니? (laptop)

_____

그는 버스를 타고 그의 사무실로 간다. (his office, to, by)

_____

그들은 무엇을 원하니? (want, they)

_____

그녀는 오후에 일한다. (work, afternoon)

_____

그는 밤에 커피를 마시지 않는다. (drink, night, coffee)

_____

MEMO

제대로 영작문

1 --------- 입문

DARAKWON

Chapter 1

명사와 관사

UNIT 01 명사, 지시대명사

Simple Test   p.10

1 This is an eraser.
2 Those are trees.
3 I collect many old books.
4 This is David.
5 They are cats.

Practice Test   p.11

1 It is (= It's) a computer.
2 That is (= That's) a monkey.
3 A man runs.
4 These are pencils.
5 Those are windows.
6 This is a new car.
7 Nurses are kind.
8 Potatoes are delicious.
9 They are (= They're) flowers.
10 These are big animals.

Actual Test   p.12

1 These are tigers, and those are lions.
2 Soldiers are brave.
3 That is (= That's) a beautiful butterfly.
4 This is a fat pig.
5 Those are diligent ants.
6 This is a pencil, and that is an eraser.
7 These are bottles, and those are cans.
8 Those are cute ducks.
9 Mountains are high, and rivers are deep.
10 These are funny songs.

UNIT 02 인칭대명사

Simple Test   p.13

1 You are my friend.
2 They like you.
3 It is hers.
4 We know your parents.
5 She loves him very much.

Practice Test   p.14

1 Their uncle is my teacher.
2 They like her song.
3 You don't know us.
4 Sam is her younger brother.
5 He is (= He's) our king.
6 They live for themselves.
7 It is (= It's) his house.
8 My car is very old.
9 Her cousin is my friend.
10 It is (= It's) his new bicycle.

Actual Test   p.15

1 Look at yourself in the mirror.
2 It is not ours. (= It isn't ours. = It's not ours.)
3 He sings for himself.
4 They listen to his music every day.
5 I trust myself.
6 He remembers them.
7 She always loses her umbrella.
8 They are following us.
9 We know their secrets.
10 It is (= It's) her puppy.

UNIT 03 관사

Simple Test   p.16

1 I have a younger sister.

2 Steve plays <u>the</u> piano well.

3 I have <u>a</u> good idea.

4 <u>The</u> moon is very big today.

5 I need <u>an</u> expensive bag.

Practice Test
p.17

1 She goes to the bank.

2 The boy is very tall.

3 I have a small house.

4 An hour is very short.

5 The students in this classroom are smart.

6 Many people are in the park.

7 He kicked the ball.

8 You have a mirror.

9 He is (= He's) in the office.

10 An ant has six legs.

Actual Test
p.18

1 He opened the door.

2 The museum is very old.

3 An octopus has eight legs.

4 The man loves you very much.

5 The books on the desk are mine.

6 An hour has sixty minutes.

7 A cat is in the living room.

8 The child plays the violin.

9 The sky is very blue today.

10 We go to the restaurant every Saturday.

Review Test
p.19

1 <u>This</u> is <u>my</u> bicycle.

2 <u>Those</u> are <u>their</u> <u>books</u>.

3 I like <u>her</u> <u>cats</u>.

4 <u>The</u> sea <u>is</u> very wide.

5 <u>This</u> is <u>their</u> house.

6 I don't know <u>myself</u>.

7 <u>These</u> are her gloves, and they are <u>hers</u>.

8 <u>The</u> window in <u>my</u> room is small.

9 <u>Those</u> are <u>mine</u>, and <u>this</u> is <u>yours</u>.

10 <u>This</u> is <u>a</u> firefighter, and <u>his</u> father is <u>a</u> firefighter, too.

11 Those are our bags.

12 New York is a beautiful city.

13 Monkeys like bananas.

14 They are (= They're) handsome actors.

15 My father has many golf balls.

16 His son hates carrots.

17 It is (= It's) an interesting game.

18 These are our books, and those are his books.

19 Her aunt likes expensive food.

20 They are soccer players, and these are their shoes.

Chapter 2

동사

UNIT 04 be동사

Simple Test
p.22

1 You <u>are</u> kind.

2 Tina <u>is</u> very smart.

3 I <u>am</u> <u>not</u> fat.

4 He <u>was</u> in Busan yesterday.

5 They <u>weren't</u> singers.

Practice Test
p.23

1 I am healthy.

2 My uncle is diligent.

3 James is not (= isn't) fast.

4 She is (= She's) a nurse.

5 It is not a robot. (= It isn't a robot.
= It's not a robot.)

6 He is not busy. (= He isn't busy.
= He's not busy.)

7 You are (= You're) cute.

8 She is not (= She isn't = She's not) in the kitchen.

9 The book was interesting.

10 This book is not (= isn't) thick.

Actual Test

p.24

1 We were very surprised.

2 I was at home at 2 o'clock.

3 It is not my bicycle. (= It isn't my bicycle. = It's not my bicycle.)

4 This pizza is very delicious.

5 Dolphins are very smart.

6 We are not (= We aren't = We're not) his brothers.

7 This is my pencil.

8 Babies are cute.

9 Tom was in his room.

10 The stars were very beautiful.

UNIT 05 현재진행형

Simple Test

p.25

1 They are listening to music.

2 Are you working now?

3 He isn't playing a game.

Practice Test

p.26

1 Jiyu is drawing a webtoon.

2 James is sending an email.

3 The boy isn't (= is not) flying a kite.

4 Is the girl singing a song?

5 The frog is hopping.

6 She is selling flowers.

7 He is fixing his watch.

8 The women are drinking coffee.

9 Are your friends watching a movie?

10 The baby is crying on the bed.

Actual Test

p.27

1 A: Are you washing your hands?
   B: Yes, I am.

2 A: Are they running?
   B: No, they aren't.

3 A: Is he climbing a mountain?
   B: Yes, he is.

4 A: Are they praying?
   B: Yes, they are.

5 A: Is he writing a letter?
   B: No, he isn't.

6 A: Is she riding her bicycle?
   B: No, she isn't.

7 Sam and I aren't (= are not) eating apples.

8 The company is building a factory.

9 They are making a new table.

10 They are not (= They're not = They aren't) watching the game now.

UNIT 06 일반동사

Simple Test

p.28

1 I have a car.

2 He likes soccer.

3 Terry plays the guitar.

4 She doesn't like cooking.

5 They didn't watch TV.

Practice Test

p.29

1 He drinks coffee every day.

2 They didn't (= did not) see the map.

3 Cats like fish.

4 Luke loves his son.

5 Chickens don't (= do not) fly.

6 She didn't (= did not) buy the bag.

7 He hits a home run well.

8 I didn't (= did not) read this book.

9 She doesn't (= does not) eat carrots.

10 She didn't (= did not) have the key.

Actual Test
p.30

1 Daniel drinks coffee every morning.
2 He didn't (= did not) sell his house.
3 She uses blue paper.
4 Julia didn't (= did not) take pictures.
5 Rabbits don't (= do not) eat meat.
6 She played the piano this morning.
7 She didn't (= did not) send an email.
8 He doesn't (= does not) know her uncle.
9 Many people like watching movies.
10 She gets up at 8 a.m.

Review Test
p.31

1 John doesn't eat hamburgers.
2 A girl is dancing on the stage.
3 He doesn't like pets.
4 Are they reading comic books?
5 He washed his car yesterday.
6 She eats some bread every morning.
7 He doesn't keep a diary.
8 Sam works at this bank.
9 My uncles are fishing now.
10 The baby cried again.
11 Sophia doesn't (= does not) like Steve.
12 I didn't (= did not) bring my laptop (computer).
13 He naps on the sofa every day.
14 Is he looking up a word in the dictionary now?
15 He didn't (= did not) clean up his room.
16 It is raining outside.
17 Sally washed the dishes.
18 A: Are they eating delicious cake?
   B: Yes, they are.
19 He didn't (= did not) make a paper airplane.
20 James doesn't (= does not) play computer games.

Chapter 3

문장 성분

UNIT 07 주어와 동사

Simple Test
p.34

1 She knows us.
2 We finished [ended] it.
3 My bag is brown.
4 The girl plays the piano well.
5 The books are very expensive.

Practice Test
p.35

1 Sally likes watching movies.
2 The painting is very unique.
3 He jogs every morning.
4 She is (= She's) a good cook.
5 They wanted happiness.
6 The chair was very strong.
7 Tom hated Jerry.
8 The cake is delicious.
9 They are (= They're) brave students.
10 Thomas became my friend.

Actual Test
p.36

1 I don't (= do not) like baseball.
2 The cats didn't (= did not) eat the fish.
3 She stopped the washing machine.
4 Lily drives well.
5 The painter doesn't (= does not) sell his paintings.
6 I have many games on my computer.
7 I grow many (= a lot of = lots of) flowers in the garden.

8 The train was very fast.

9 The plane landed safely.

10 The hunter didn't (= did not) have a map.

UNIT 08 목적어와 보어

Simple Test p.37

1 He lost his bag.

2 The boy finished his homework.

3 She got tired.

4 The game was exciting.

5 The teacher opened a new class.

Practice Test p.38

1 Bring your umbrella.

2 The puppy is very smart.

3 Tim likes John's younger sister.

4 He washed Terry's car.

5 Leo throws a ball fast.

6 Ice becomes water.

7 Your shirt is very dirty.

8 I need many books.

9 Noah kicks a soccer ball every day.

10 My parents are wise.

Actual Test p.39

1 We eat pizza every Saturday.

2 His face turned red.

3 I know him well.

4 He helped poor people yesterday.

5 The news was very shocking.

6 My pants got dirty.

7 Mom baked delicious cookies.

8 Dad watched TV in the living room.

9 She became a good [great] scientist.

10 I have many applications on my cell phone.

Review Test p.40

1 They enjoy shopping.

2 He didn't give up his dream.

3 She cleaned up her room.

4 Daniel is very tall.

5 The bookstore sells old books.

6 He reads a book every day.

7 This library is very quiet.

8 Julia rides a bicycle [bike] every day.

9 Mice hate cats.

10 David became a good teacher.

11 Many girls like boy bands.

12 He hit a home run yesterday.

13 She doesn't (= does not) like fish.

14 She writes a letter every Sunday.

15 My uncle has a small pizza store.

16 He played the piano on the stage.

17 She is (= She's) a very shy girl.

18 The boys touched a big frog.

19 Farmers waited for the rain.

20 They got tired in the afternoon.

Chapter 4

의문문과 대답

UNIT 09 be동사의 의문문

Simple Test p.44

1 Are you happy?

2 A: Is the man tall?

   B: Yes, he is.

3 A: Are you hungry?

   B: No, I'm not.

4 A: Are the boys your friends?

   B: No, they aren't.

Practice Test

p.45

1 Are you nervous?
2 Is he a tennis player?
3 Are your grandparents alive?
4 Are rabbits small animals?
5 Are lions cruel?
6 Is she a good nurse?
7 Are they famous lawyers?
8 Is he angry now?
9 Am I stupid?
10 Is his son cute?

Actual Test

p.46

1 A: Is Jessica late?
   B: Yes, she is.
2 A: Are you full?
   B: Yes, I am.
3 A: Is your father busy?
   B: Yes, he is.
4 A: Is your mother strict?
   B: No, she isn't.
5 A: Are Billy and Brian brothers?
   B: No, they aren't.
6 A: Is this milk fresh?
   B: Yes, it is.
7 A: Are these trees old?
   B: Yes, they are.
8 A: Is the wall green?
   B: No, it isn't.
9 A: Are their friends kind?
   B: Yes, they are.
10 A: Is Mr. Smith your math teacher?
   B: No, he isn't.

UNIT 10 일반동사의 의문문

Simple Test

p.47

1 Do you want this?
2 Does he drive well?
3 Do they sing well?

4 A: Do they live with you?
   B: No, they don't.
5 A: Does your kitten drink a lot of water?
   B: Yes, it does.

Practice Test

p.48

1 Do they want a drink?
2 Does he walk to school?
3 Does she water the flowers every day?
4 Does he go to bed at 11 p.m.?
5 Do you eat a lot of meat?
6 Do they go to church every Sunday?
7 Does your grandfather smoke?
8 Does she exercise every morning?
9 Does Mr. Jang have a lot of money?
10 Does he own this house?

Actual Test

p.49

1 A: Does Minho like Coke?
   B: Yes, he does.
2 A: Does he earn a lot of money?
   B: No, he doesn't.
3 A: Do they sell hamburgers?
   B: Yes, they do.
4 A: Does he eat beans?
   B: No, he doesn't.
5 A: Do you have good ideas?
   B: No, we don't.
6 A: Do you sell used books?
   B: Yes, I do.
7 A: Does the girl like ice cream?
   B: No, she doesn't.
8 A: Does Sora get up early in the morning?
   B: No, she doesn't.
9 A: Do your friends like adventure?
   B: Yes, they do.
10 A: Do Jiwon and Minseo help each other?
   B: Yes, they do.

Simple Test
p.50

1 A: Was the boy at home?
B: Yes, he was.
2 A: Were the cookies delicious?
B: No, they weren't.
3 A: Did she play the guitar?
B: No, she did't.
4 A: Did you call him?
B: Yes, I did.

Practice Test
p.51

1 Were they in the library?
2 Was the test difficult?
3 Did the kitten eat the fish?
4 Did they take you home last night?
5 Did you hear the loud noise this morning?
6 Did Mark go to the train station yesterday?
7 Did your father sell the old bicycle?
8 Did your younger brother eat a lot of pizza yesterday?
9 Did he draw the beautiful painting?
10 Did those children make this sand castle?

Actual Test
p.52

1 A: Was he sick yesterday?
B: Yes, he was.
2 A: Were they at the park?
B: No, they weren't.
3 A: Did you water the flower this morning?
B: No, I didn't.
4 A: Did James play the trumpet at the party?
B: No, he didn't.
5 A: Did the company own many buildings?
B: Yes, it did.
6 A: Did he compose good songs?
B: Yes, he did.
7 A: Did he clean his room?
B: Yes, he did.

8 A: Did she lose her umbrella?
B: No, she didn't.
9 A: Did you finish your homework?
B: Yes, I did.
10 A: Did they visit their hometown?
B: No, they didn't.

Review Test
p.53

1 Are the students in the sixth grade?
2 Was he a movie actor?
3 A: Did they fight each other?
B: Yes, they did.
4 A: Do you like long hair?
B: No, I don't.
5 A: Is this report his?
B: Yes, it is.
6 A: Do they have a TV in their office?
B: No, they don't.
7 A: Am I lost?
B: Yes, you are.
8 A: Does Greg run two shops?
B: No, he doesn't.
9 A: Were the men good musicians?
B: Yes, they were.
10 A: Did they have a special plan?
B: Yes, they did.
11 A: Does she drive?
B: No, she doesn't.
12 A: Do you like music?
B: Yes, I do.
13 A: Are you a dentist?
B: No, I'm not.
14 A: Do they sell shoes?
B: Yes, they do.
15 A: Did you play table tennis yesterday?
B: No, I didn't.
16 A: Does Rebecca have a laptop (computer)?
B: Yes, she does.
17 A: Were the children quiet?
B: Yes, they were.
18 A: Is your office on the third floor?
B: No, it isn't.

19 A: Do many students miss Donald?

  B: Yes, they do.

20 A: Does she have many (= a lot of = lots of) flowerpots in her house?

  B: No, she doesn't.

Chapter **5**

의문사

UNIT 12 What, Who, How

Simple Test   p.56

1 What is your younger brother's name?

2 How is the weather today?

3 Who is he?

4 Who cares?

5 What clothes do you wear in winter?

Practice Test   p.57

1 What do you know about me?

2 How high is it?

3 Who loves you?

4 What is (= What's) your hobby?

5 Who is (= Who's) your uncle?

6 How do you know it?

7 What is (= What's) his nickname?

8 What does she have?

9 Who wants this box?

10 How big is the elephant?

Actual Test   p.58

1 What is (= What's) your dream?

2 Who knows the answer?

3 How fast are the ostriches?

---

4 What is (= What's) your address?

5 How long is this ruler?

6 How old is your grandmother?

7 How much sleep does she get every night?

8 Who is (= Who's) your closest friend?

9 A: Who likes [loves] your older sister?

  B: Karl likes [loves] her.

10 A: Who has your bicycle?

  B: Peter has it.

UNIT 13 When, Where, Why, Which

Simple Test   p.59

1 When is the party?

2 Where is the bus stop?

3 When do you go to bed?

4 Why does she like coffee?

Practice Test   p.60

1 Why are you here?

2 Where are his parents?

3 Which one is yours?

4 Why do you want it?

5 Where is (= Where's) his shop?

6 When do you go to your hometown?

7 Why is he kind to you?

8 Where is (= Where's) her school?

9 When are you busy?

10 Why do you keep a diary every day?

Actual Test   p.61

1 Where is (= Where's) the post office?

2 Why does she work so hard?

3 When are you happy?

4 Which book do you want?

5 Why do you study Japanese?

6 When is (= When's) Children's Day?

7 Where is (= Where's) your new car?

8 Which one is your bicycle?

9 Why does he smile all the time?

10 Where is (= Where's) your wallet?

Review Test   p.62

1 Who is your cousin?
2 What is your email address?
3 Why is she always sick?
4 Who sees [watches] this?
5 Which one is better for health?
6 What is her dream?
7 When is your first presentation?
8 How tall is your younger brother?
9 Where do his puppies sleep?
10 Why are they disappointed?
11 Why are they different?
12 What does your father do?
13 How long are eagles' wings?
14 When does the sun rise?
15 Why is he so strong?
16 How hard do you work?
17 Where is (= Where's) my girlfriend?
18 How do I trust you?
19 What is (= What's) your future plan?
20 When does the concert start?

Chapter 6

전치사

UNIT 14 시간의 전치사

Simple Test   p.66

1 Come to my house on my birthday.
2 I get up at 8 o'clock every day.
3 How is the weather in October?
4 I play soccer in the afternoon.

Practice Test   p.67

1 Let's meet at 7 o'clock tomorrow.
2 Jinsu jogs at night.
3 He worked for two hours.
4 We had a great party in the evening.
5 Tim invited many friends on his birthday.
6 I had an exam last week.
7 He watches TV on the weekend.
8 We get presents on Christmas Day.
9 Her birthday is on May 1st.
10 Dad reads the newspaper in the morning.

Actual Test   p.68

1 Korea and Japan held the World Cup in 2002.
2 Many students wait for buses in the morning.
3 I go to bed at midnight.
4 I am always happy on my birthday.
5 I visited my uncle last Friday.
6 Let's go to the zoo at 11 o'clock in the morning.
7 He studies Korean history in the evening.
8 I bake cookies with my mom on Fridays.
9 We visit an orphanage on Christmas Day.
10 Kevin plays computer games for two hours every day.

UNIT 15 장소의 전치사

Simple Test   p.69

1 Many Koreans work in China.
2 Mary is jumping rope in [on] the playground.
3 A cat is sitting under the sofa.
4 The bakery is between the bank and bookstore.

Practice Test   p.70

1 He is sitting next to (= by) her.
2 Mika is behind the tree.

3 Does she live in Seoul?

4 He works at the zoo.

5 Several cats are on the roof.

6 Mom is cooking in the kitchen.

7 He found his son among many students.

8 There is a secret room behind the wall.

9 My desk is between my piano and the door.

10 The girl is sleeping next to (= by) her mom.

Actual Test   p.71

1 What do you put on this table?

2 What is (= What's) in your shoes?

3 Who is (= Who's) your younger sister among these children?

4 My house key is in my car.

5 A big eagle is flying over my town.

6 A lot of fish are swimming under the water.

7 He lived in Daegu for 10 years.

8 We first met at the Seoul Museum of History last year.

9 He falls down in front of his house every day.

10 A big bear is standing behind them.

Review Test   p.72

1 I go camping with my friends in summer.

2 My mom exercises at three o'clock every day.

3 My cat often hides under the bed.

4 Lynn is waiting for you behind this building.

5 We have a reading class on Wednesdays.

6 Let's go there with my family.

7 He worked in Incheon for three years.

8 He drinks a lot of water in the morning.

9 She reads a novel at night.

10 I was born in November.

11 We had a dinner party on Sunday night.

12 They bought milk at the market.

13 He donates money on his birthday.

14 The singer is standing among many teenagers.

15 Three students are reading books in the library.

16 They gave people lunchboxes at noon.

17 Let's go to the concert in the evening.

18 There are many factories in the country.

19 A baseball is between two soccer balls.

20 He did his best for ten years.

Chapter 7

조동사

UNIT 16 can, will

Simple Test   p.76

1 I can sing well.

2 She is able to dance well.

3 He is not going to fire them.

Practice Test   p.77

1 They can (= are able to) build many houses.

2 He is going to leave here at 2 o'clock.

3 I am able to carry this box.

4 She won't give up her dream.

5 We are going to stay here.

6 I can't (= cannot = am not able to) speak German.

7 Will you go to the next classroom?

8 You will (= are going to) do important things.

9 Are you able to eat spicy food?

10 Is he able to fix the door?

Actual Test   p.78

1 We can (= are able to) take this map.

2 She won't come out of her room.

3 Is he able to play the guitar?

4 He will not (= won't) play the game again.

5 We can finish this project.

6 Joseph will not (= won't) make a mistake.

7 Is Jessica able to cook well?

8 You can't (= cannot) get the ticket first.

9 Are you going to submit the report?

10 Many people will (= are going to) buy cell phones.

 **17 must, may**

Simple Test p.79

1 You mustn't hit other people.

2 She may call you.

3 We don't have to work today.

Practice Test p.80

1 May I go to the bathroom?

2 They have to do all this homework today.

3 He may miss her.

4 You must not (= mustn't) touch this machine.

5 Do we have to carry these boxes?

6 You shouldn't (= should not) forget this.

7 He doesn't have to buy these flowers.

8 You may bring your laptop (computer).

9 You must follow this rule.

10 We should drink a lot of water.

Actual Test p.81

1 You must not (= mustn't) buy expensive bags.

2 We may not fail the exam.

3 They don't have to go to Seoul tomorrow.

4 It may rain tomorrow.

5 Should I know his cell phone number?

6 You must not (= mustn't) cross the street here.

7 May I skip the last part of this book?

8 She doesn't have to go there by subway.

9 We should use the free WiFi service.

10 You have to water these flowers once a week.

Review Test p.82

1 You can jump high.

2 We are going to open a new class.

3 He won't lend me his car again.

4 You don't have to order a different dish.

5 Robert may not visit them.

6 Is she able to speak English?

7 I have to send him an email.

8 He is not going to read more books.

9 You should [must] not take any photos in the museum.

10 Are you able to write with your left hand?

11 Everyone should wear a seat belt.

12 You may drink water now.

13 Is he able to eat ten pieces of pizza?

14 We don't have to memorize 10 words tonight.

15 You may put your bag on the desk.

16 She may run her own bookstore.

17 He is going to sell his house.

18 Should I go to the library now?

19 She doesn't have to turn off the light at night.

20 You must not (= mustn't) go outside in the class time.

Chapter **8**

형용사와 부사

 **18 형용사**

Simple Test p.86

1 Our math teacher is beautiful.

2 I need a little water.

3 She wants little money.

4 My grandfather has lots of books.

Practice Test
p.87

1 I want a happy life.
2 The man has a tall building.
3 Many students like him.
4 My neighborhood is quiet and peaceful.
5 The boy is drinking a little (= some) milk.
6 Lots of birds are flying.
7 They will tell you sad stories.
8 I know few people at this party.
9 A lot of children are in the classroom.
10 A few (= Some) people are in his office.

Actual Test
p.88

1 A beautiful butterfly is sitting on a flower.
2 The workers make many dolls in the factory.
3 A lot of people are at Seoul Station now.
4 He has a little rice on his hand.
5 A few soldiers protected the town.
6 Many boys are swimming in the pool.
7 John eats lots of ice cream in summer.
8 Paul has a few (= some) pencils in his pencil case.
9 Tommy has a lot of books in his room.
10 The girl didn't drink much (= a lot of = lots of) milk.

 **UNIT 19 부사**

Simple Test
p.89

1 He walks slowly.
2 I am really happy.
3 There are many people in the park.
4 There is a ball under the desk.
5 She gets up early in the morning.

Practice Test
p.90

1 Happily, they are (= they're) healthy.
2 There are two cats in my room.
3 The boy cried sadly.

4 Thank you very much.
5 He runs fast every morning.
6 There are thirty students in my class.
7 There are many people in the church.
8 There is a brave boy.
9 Ben can throw the ball high.
10 He went to school late.

Actual Test
p.91

1 Interestingly, ostriches can't fly.
2 There are ten workers in the factory.
3 The bird is singing softly.
4 The girl is dancing prettily.
5 There are two boys on the playground.
6 Is there salt in the kitchen?
7 How many books are there in the library?
8 Does Ryan get up late in the morning?
9 Can you type fast in English?
10 There are many flowers in the garden.

Review Test
p.92

1 There is a lot of bread in the bakery.
2 Many middle school students go to bed late.
3 There are many animation movies for children.
4 There is little milk in this bottle.
5 There are a few bookstores in my town.
6 There are many socks in my room.
7 We work very happily.
8 A smart boy is solving the difficult math question.
9 A hungry pig is eating feed.
10 There are many countries in the world.
11 There are twelve months in a year.
12 There are thirty days in this month.
13 Are there twelve hours in a day?
14 Let's jump high together.
15 There are many (= a lot of = lots of) squirrels in this park.
16 There are few birds in the forest.
17 I have breakfast very early in the morning.
18 He composed lots of songs.

19 He speaks very clearly.

20 His last concert was fantastic.

Final Test ❶

p.96

1   Many children are behind the tree.

2   When do you do your homework?

3   We should [must] be kind to our guest.

4   Jane is our friend.

5   He is writing a long report.

6   How hot is the weather?

7   Elly is able to drive the car fast.

8   He is playing the guitar in his room.

9   There are many birds in the yard.

10 Where are my shoes?

11 I can't open that door.

12 There is a lot of money in the safe.

13 He works in a big zoo.

14 These are her pencils.

15 Two eagles are flying over the roof.

16 Pasta cooks very quickly.

17 Which one is my cup?

18 Jessica has long hair.

19 Jihun is very handsome.

20 There is a big party in December.

Final Test ❷

p.100

1   He is reading a thick book.

2   They may leave here.

3   Diana is writing a letter next to (= by) Dennis.

4   What is Simon doing now?

5   Does the movie start soon?

6   Does the cat wash its face every day?

7   Those are my glasses.

8   Why is the child crying?

9   Babies don't have to study.

10 I will go to Japan on my birthday.

11 You must not (= mustn't) hate your friends.

12 Is she taking a nap now?

13 Ruby is sitting between Emma and Amy.

14 Do you have to finish this before 10 p.m.?

15 There are a few people in front of City Hall.

16 Who has your laptop (computer)?

17 He goes to his office by bus.

18 What do they want?

19 She works in the afternoon.

20 He doesn't (= does not) drink coffee at night.

MEMO

MEMO

제대로
영작문
1